企业社会责任
与人力资源管理

王 娟 张 喆 著

西北工业大学出版社

西安

图书在版编目(CIP)数据

企业社会责任与人力资源管理 / 王娟，张喆著. —
西安：西北工业大学出版社，2023.7
ISBN 978 - 7 - 5612 - 8842 - 9

Ⅰ.①企…　Ⅱ.①王…②张…　Ⅲ.①企业责任-社
会责任-研究②企业管理-人力资源管理-研究　Ⅳ.
①F272 - 05 ②F272.92

中国国家版本馆 CIP 数据核字(2023)第 142090 号

QIYE SHEHUI ZEREN YU RENLI ZIYUAN GUANLI
企 业 社 会 责 任 与 人 力 资 源 管 理
王娟　张喆　著

责任编辑：陈　瑶		策划编辑：孙显章	
责任校对：万灵芝		装帧设计：李　飞	
出版发行：西北工业大学出版社			
通信地址：西安市友谊西路 127 号		邮编：710072	
电　　话：(029)88491757，88493844			
网　　址：www.nwpup.com			
印 刷 者：西安五星印刷有限公司			
开　　本：720 mm×1 020 mm		1/16	
印　　张：9.5			
字　　数：186 千字			
版　　次：2023 年 7 月第 1 版		2023 年 7 月第 1 次印刷	
书　　号：ISBN 978 - 7 - 5612 - 8842 - 9			
定　　价：58.00 元			

如有印装问题请与出版社联系调换

前　　言

近年来，一方面，企业社会责任缺失造成的恶性事件在国内外主流媒体上被屡次曝光；另一方面，构建和谐社会、实现可持续发展的理念在我国已逐渐成为社会共识。企业社会责任（corporate social responsibility，CSR）成为实业界和学术界共同关注的热点话题。企业社会责任意味着企业除了追求商业利润之外，还要在生产过程中强调对消费者、环境和社会的责任。企业社会责任是企业作为社会公民的"应有之义"，对于解决环境污染、生态破坏以及贫富差距扩大等社会问题具有重要意义。

习近平总书记多次指出："只有富有爱心的财富才是真正有意义的财富，只有积极承担社会责任的企业才是最有竞争力和生命力的企业。"

企业积极主动承担企业社会责任，是贯彻落实党的二十大精神、深化企业改革的重要举措，也是适应经济可持续发展需要、提升企业核心竞争力的必然选择。特别是在后疫情时代，尽管企业的生产经营面临前所未有的挑战，但是很多企业依然坚守社会责任，贯彻高质量发展理念，出现了一些新的发展趋势。受疫情冲击，企业界更加深刻地体会到"命运共同体"的含义。企业如何更好地履行社会责任，也成为后疫情时代的热门话题。

在学术界，尽管学者主要聚焦于宏观层面（即制度和组织层面）以分析企业社会责任对经济绩效的影响，但是，企业追求经济利益与社会福利的不相容，导致现有研究在宏观领域并没有就 CSR 与企业绩效之间的关系得出一致性结论。

研究 CSR 潜在收益和成本是从微观层面探究 CSR 对员工行为的影响的一种新视角。员工作为 CSR 实践活动的参与者、执行者和观察者，其行为如何受到 CSR 的影响却并未得到学者的足够重视。随着人们对以员工为中心的 CSR 和人力资源管理（human resource management，HRM）伦理方面的日益关注，学者开始将企业社会责任与人力资源管理联系起来。但是，目前 CSR 如何影响员工行为在学术界仍然是一个研究空白。探究二者之间的关系不仅能够帮助企业管理者以 CSR 来激励员工,而且能够帮助学者从微观视角分析 CSR 的潜在收益。因此,阐明 CSR 与员工行为之间的关系和潜在作用机制具有重要的理论和实践意义。本书正是在这一背景下撰写的。

为此,本书以企业社会责任的"微观基础"为切入点,梳理了企业社会责任和人力资源管理方面的国内外前沿研究;从当前的管理实践及国际研究前沿入手,关注企业社会责任和人力资源管理的社会效应;基于微观层面人力资源管理视角,揭示 CSR 的前因和后果变量,并详细介绍了社会责任型人力资源管理、绿色人力资源管理等新型的人力资源管理类型。

本书不仅是企业宏观层面与微观层面研究的结合,也是企业社会责任与人力资源管理实践的交互研究。本书从企业层面和员工层面相结合的视角,对企业社会责任与人力资源管理之间的关系进行深入分析,进而实现同时提升企业经济绩效与社会绩效的理想目标,为企业可持续地履行社会责任找到一条激励相容的路径。本书对于后疫情时代如何更好地履行社会责任,切实增强人民的获得感、幸福感、安全感具有重要意义。

本书系统梳理了企业社会责任研究在人力资源管理领域所取得的主要研究成果和最新进展,总结了企业社会责任的变量测量、前因变量及后果变量等研究结果。希望本书能够帮助读者全面理解企业社会责任的收益和潜在风险,为企业在后疫情时代如何更好地履行企业社会责任提供理论和实践指导。

在撰写本书的过程中参考了相关文献、资料,获益良多。在此,谨向其作者深表谢意。

由于水平所限,相关研究有待进一步深化,书中不足之处在所难免,望广大读者批评指正。

著 者

2023 年 1 月

目　　录

第一章 企业社会责任概述

1.1 企业社会责任的发展历程

随着经济发展和社会进步,企业不仅要对盈利负责,还要对环境负责,并承担相应的社会责任。企业社会责任(corporate social responsibility, CSR)的思想和概念最早分别由克拉克和谢尔顿提出,鲍恩的著作《商人的社会责任》开启了现代意义的企业社会责任研究。20 世纪 50 年代,企业社会责任被认为是一种对社会的义务和伦理要求。20 世纪 60 年代,企业社会责任主要受到来自外部社会运动、企业的社会觉醒的驱动。这一时期,CSR 未与企业财务绩效相关联,企业社会责任的伦理驱动或外部驱动并不要求相应的财务回报。CSR 目标的实现游离于企业的业务活动之外,属于"边缘式"实现方式。基于此,20 世纪 50 年代和 60 年代的 CSR 被视为 CSR 1.0 时代(肖红军,2020)。从理念认知来看,这一阶段的 CSR 是"无关利润"和"不求回报"的企业自愿行为。

20 世纪 70 年代,CSR 理念认知出现巨大突破,出现了 CSR 与股东的长期利益一致、企业的社会效益与经济利益可以协调的新原则。1970 年,诺贝尔奖获得者、经济学家米尔顿·弗里德曼刊登了题为《商业的社会责任是增加利润》的文章,指出企业唯一的一项社会责任是在规则范围内增加利润。社会经济学观点认为,利润最大化是企业的第二目标,企业的第一目标是保证自己的生存。为实现这一目标,企业必须承担社会义务以及由此产生的社会成本。他们必须以不污染、不歧视、不从事欺骗性的广告宣传等方式来保护社会福利,他们必须融入自己所在的社区及资助慈善组织,从而在改善社会中扮演积极的角色。在这一阶段,CSR 的实现主要采取企业社会回应模式,聚焦于被社会公众普遍关注与期望的社会议题和环境议题,虽然这些议题与企业的业务活动缺乏关联性,但已成为企业运营活动的边缘性组成部分。

20 世纪 80 年代,企业社会绩效的概念受到广泛关注,企业的经济目标与社会目标不再是相互矛盾的权衡关系,而是作为构成要素被整合到企业的全面社会责任框架之中。企业社会绩效强调 CSR 的结果,要求通过管理与企业运营相关的社会议题而降低企业可能面对的社会风险,进而将 CSR 与财务绩效更加紧密地联系起来。此时,CSR 的实现方式主要是将社会议题管理、利益相关者管理和组织管理结合起来,从个体、组织和制度层面将可能引发企业运营社会风险的社会议题嵌入,属于运营性的"嵌入式"实现方式。

20 世纪 90 年代初期,美国劳工及人权组织针对成衣业和制鞋业发起"反血汗工厂运动"。因利用"血汗工厂"制度生产产品的美国服装制造商 Levi-Strauss 被新闻媒体曝光后,为挽救自身公众形象,制定了第一份公司生产守则。在劳工和人权组织等非政府组织和消费者的施压下,许多知名品牌公司也都相继制定了自己的生产守则。反血汗工厂运动后演变为"企业生产守则运动",又称"企业行动规范运动"。企业生产守则运动的直接目的是促使企业履行自己的社会责任。但这种跨国公司自己制定的生产守则有着明显的商业目的,而且其实施情况也无法得到社会的监督。同时,20 世纪 90 年代,利益相关者理论在 CSR 领域得到广泛应用并成为主流范式,企业的中心议题转变为企业的生存问题。工具性利益相关者模型将 CSR(对利益相关者的责任)视作是企业价值创造与赢得生存条件的工具,战略性利益相关者模型主要强调 CSR 的商业价值逻辑。此时,CSR 与企业财务绩效之间的关联通过利益相关者机制变得更加紧密,但二者之间仍缺乏战略层面的直接耦合关系。CSR 的实现方式主要是通过工具性利益相关者管理,将利益相关者期望的社会议题转变为企业运营管理的内容。在这一时期,学者试图将 CSR 与企业财务绩效联系起来,但都属于非直接、非紧密的关联,这个时期的 CSR 被定义为 CSR 2.0 时代。

进入 21 世纪以后,CSR 与战略管理思想紧密结合起来,CSR 被视为提高企业最终财务绩效的战略性资源,参与解决社会问题能够为企业带来新的商业机会。战略性慈善、战略性 CSR 都强调企业社会责任与企业商业战略和企业竞争力的直接关联,CSR 被用于业务活动和价值链创新,成为企业利润的直接来源。CSR 与企业财务绩效在战略层面紧密耦合起来,成为企业实现商业战略目标的重要手段。CSR 的实现主要是将社会议题嵌入企业商业战略,通过与核心业务活动紧密结合推动社会进步,这属于战略性的"嵌入式"实现方式。基于此,21 世纪以来的 CSR 可以定义为 CSR 3.0 时代。

新冠疫情以来,许多企业的社会责任工作受到了巨大冲击,特别是公益项目实施、志愿者活动开展等。新冠疫情会影响公司的 CSR 战略,也让企业回到原点思考:除了捐赠外,企业还能给社会带来什么。从资源上看,新冠疫情会使企业社会责任相关预算有所削减,捐款类项目减少,价值共创类项目增加,企业将持续重点关注疫情对利益相关方的影响。

1.2　企业社会责任的现实背景

在现代经济高速增长的光环之下,往往暗藏着生态破坏、环境污染、资源过度开发等一系列社会责任缺失问题。在企业社会责任履行的过程中,很多企业只是把履行社会责任作为应对制度压力、迎合政府和公众诉求的一种策略。他们往往更加关注慈善捐助等有显示度的活动,希望借此来提升企业品牌形象,而对于在企业经营管理过程中如何贯彻、落实 CSR 却存在明显不足,导致在履行 CSR 实践中存在着"说一套,做一套"的问题(陈宏辉等,2015)。

2008 年以来,具有良好社会声誉并且积极履行社会责任的"好"公司被频繁曝光污染环境、制造有害食品等,"好"公司做"坏"事的情况屡见不鲜。例如,国际代工巨头"富士康"虽然长期致力于对外的慈善公益活动,但由于忽视对企业内部员工应尽的责任而深陷"跳楼门"事件,被指为"血汗工厂"。受疫情影响,Facebook 母公司 Meta 裁员 1 万余人,这是该公司历史上最大规模的裁员。这些事件的发生导致社会公众长期以来对企业社会责任持怀疑态度,甚至将其视为掩盖其他企业失责行为的"遮羞布"。

相比于消费者、投资者等企业外部利益相关者,企业内部员工对于企业社会责任的具体履行情况有着更深入、更全面的了解,他们能够很快地识别出企业在履行社会责任方面是否存在"双标"行为,继而影响他们的行为。特别是在制度条件不断变化的全球化商业环境中,商业组织、工会和政府机构之间不断变化的组织形式以及不断变化的权力关系,使企业对员工承担了越来越多的责任。一方面,由于组织形式(如伙伴关系、联盟、特许经营、分包)的变化,出现了更多不安全的雇佣关系,如临时雇佣和自主经营形式。这些新雇佣关系导致不稳定的职业模式、工作压力和疲惫,使得职业风险转移到了员工身上。另一方面,由于市场的全球化,有关员工权利和责任的三个传统组织(企业、工会和政府)之间的关系正在发生转变。在发达国家,工会化程度不断下降,国家对跨国企业的监管权力也受到限制。而在发展中国家,则存在劳动法不足或不存在的情况。这些监管上的不足可能会导致意想不到的后果,如供应链上对工人的剥削、不安全的工作合同以及发展中国家和发达国家就业状况的日益不确定等(Voegtlin 和 Greenwood,2016)。《人物》杂志发表在其公众号上的《外卖骑手,困在系统里》一文就充分说明了这一现象。报道显示,外卖骑手在外卖平台系统的算法与数据驱动下,配送时间不断被压缩,为避免差评、维持收入,他们会在现实中选择逆行、闯红灯等做法,不仅危及自身安全,也对公共交通安全构成隐患。目前对企业社会责任和人力资源管理的研究在很大程度上是脱节和不完整的。大多数研究方法只是涵盖了该现象的一个有限方面,很少从整体性视角来关注企业社会责任与人力资源管理之间的关系。因此,全面、深入进行企业社会责任和人力资源管理的交叉研究非常必要。

美国管理学大师德鲁克认为,企业承担社会责任会使员工感知到自己工作的价值,继而对企业做出回馈行为。企业社会责任是企业作为社会公民的"应有之义",对于解决环境污染、生态破坏以及贫富差距扩大等社会问题具有重要意义(高勇强等,2012)。近年来,我国很多企业开始主动承担企业社会责任,创新CSR的实施方式,将CSR理念嵌入公司日常经营管理过程之中。例如,中国建筑集团有限公司以"拓展幸福空间"为企业使命,将社会问题的解决融入核心业务中,在极限条件下完成了"火神山"和"雷神山"两座应急防疫医院建设任务,并在复工复产中保障34万员工的安全和健康,受到了公众的广泛赞誉。盒马鲜生开发共享用工平台,与40多家企业共享了超过5 000名员工。国家电网有限公司连续14年在国内企业中率先发布社会责任报告,并积极致力于节能环保、志愿服务以及慈善捐赠等活动,多次获得"中国企业社会责任杰出企业"等荣誉称号。阿里巴巴公司成立了脱贫基金,致力于帮助弱势群体,并且鼓励每名阿里员工每年完成3小时的公益服务。该企业发起的"蚂蚁森林"项目在中国企业社会责任峰会上获得"绿色环保"奖。在新冠疫情期间,阿里巴巴公司更是采取一系列措施(例如,捐赠医疗物资驰援武汉、推出"健康码"、发布线上平台支持复产复工)倾力支持抗击疫情。同时,在阿里巴巴内部,员工建言献策的积极性也很高。企业履行社会责任对于后疫情时代增进民生福祉、全面推进建设健康中国具有重要的现实意义。

我国在企业社会责任实践方面的起步较晚,企业在具体实施社会责任活动的过程中还存在很多问题。员工可能会对不同企业的社会责任实践活动持有不同的态度。即使是同一家企业的员工,对社会责任活动做出的反应也存在明显差异。那么,哪些因素能够对企业社会责任与员工建言行为之间的关系造成影响呢?

第一,领导者行为方式可能会影响企业社会责任与员工建言行为之间的关系。在现阶段,我国企业受经济驱动和政治驱动的影响远远大于其自身所具有的道德驱动,势必导致企业在履行社会责任时更多地考虑慈善捐赠等媒体曝光度较高的活动。此时,若企业领导者的行善之举过于高调,则极易引发人们对此类慈善行为动机的怀疑。

而中国人向来喜欢低调,认为只有"善利万物而不争"、不求回报的善才是真正的善。例如,汽车玻璃大王曹德旺从汶川地震捐赠 3 000 万元到玉树地震捐款 1 亿元,其累计捐款已超过 100 亿元,但却始终保持着谦卑低调的行事作风,被认为是一位真正意义上具有社会责任感的慈善家。我国传统文化非常崇尚"上善若水,善利万物而不争,此乃谦下之德也"等美德,道教、佛教和儒家文化均对谦卑这一美德推崇备至。目前在我国实业界也涌现出一大批低调、谦卑的商业领袖。例如,华为创始人任正非、顺丰总裁王卫、海尔 CEO(首席执行官)张瑞敏等。因此,企业履行社会责任的效果可能会受到领导者行为方式的影响,特别是在中国传统文化中备受推崇的谦卑型领导。

第二,企业内外部是否一致地履行社会责任可能会影响企业社会责任与员工建言之间的关系。一些企业社会责任意识淡薄,再加上制度缺失等原因,只是把履行社会责任作为应对制度压力、迎合政府和公众诉求的一种策略,但是对于如何在经营管理过程中开展社会责任活动却存在明显不足。

1.3 企业社会责任的理论背景

企业社会责任是指企业在一定情境条件下,采取的考虑了利益相关者期望,以及经济、社会和环境这三重绩效的政策和活动(Aguinis,2011;王娟等,2017)。企业社会责任反映在企业旨在改善各种利益相关者福祉。企业社会责任涉及慈善捐赠、社区发展项目、志愿服务以及环境可持续性计划等多项活动(Ong 等,2018)。

以往对 CSR 的研究主要聚焦于宏观层面(即制度和组织层面)以分析 CSR 与企业绩效之间的关系,但尚未得出一致的结论。随着社会对 CSR 问题的日益重视,消费者、投资者和员工等内外部利益相关者对 CSR 的诉求不断增加,组织的决策者面临着如何管理 CSR 活动并分配有限资源等问题。以往很多学者从 CSR 的动机、公司治理及消费者反应等视角出发探究 CSR 的潜在收益和成本,而员工作为 CSR 实践活动的参与者、执行者和观察者,其行为如何受到 CSR 的影响却并未得到学者的足够重视。因此,学者呼吁理解 CSR 潜在收益和成本的一种新视角是将 CSR 与人力资源管理相结合,探究企业社会责任对员工这一重要内部利益相关者的影响(Voegtlin 和 Greenwood,2016)。

在研究中,从微观层面的员工视角出发探究 CSR 的潜在成本和收益。学者对 CSR 心理学的研究也强调了 CSR 微观层面的重要性,并且呼吁未来研究可考虑员工如何感知并对企业社会责任或社会失责行为做出反应(Rupp 等，2013)。企业管理者和学者都认识到企业社会责任是影响员工的态度和行为的有用工具。虽然研究企业社会责任的微观基础可以帮助解释员工感知 CSR 的潜在心理过程、情境因素和结果变量，但很少有研究将组织行为或人力资源管理与企业社会责任相结合。这种研究的缺乏可能是由于缺乏系统的测试或理论基础。近几年来，越来越多的学者开始关注微观层面 CSR 对员工态度和行为的影响(Wang 等，2016；Gond 等，2017；De Roeck 和 Maon，2018；Aguinis 和 Glavas，2019；De Roeck 等，2016)。现有研究表明，CSR 能够鼓励员工采取积极的态度和行为。例如，提高员工的组织承诺(Farooq 等，2014)、组织认同(De Roeck 等，2016；Farooq 等，2017)和组织公民行为(Rupp 等，2013)。

管理者也越来越关注如何制定相关的人力资源管理政策，将 CSR 与人力资源管理实践和员工行为结合起来(马苓等，2018)。人力资源管理实践与员工关系紧密，员工往往会把这些人力资源管理实践看作是组织内部环境向他们发出的重要信号，并且其与员工自身的利益密切相关(刘远和周祖城，2015)。人力资源管理实践在推动企业社会责任的发展和实施方面发挥着重要作用。

探究 CSR 与员工行为之间的关系不仅能够帮助学者从微观视角理解 CSR 的益处，而且能够帮助企业运用 CSR 来激励员工的建言行为(Chamberlin 等，2017)。本书以企业内部员工视角为切入点，探讨 CSR 对员工行为的影响，从而为企业履行 CSR 的重要性提供理论支持。

1.4　研　究　内　容

1.4.1　研究问题

基于以上研究背景，本研究提出以下研究问题。

(1)企业社会责任能够影响员工的建言行为吗？

建言是指员工表达与工作有关的建设性观点、顾虑或想法(Van Dyne 等，2003)。尽管 Van Dyne 等扩大了建言的定义，认为建言包括表达建设性的建议和顾虑，但是，以往建言方面的研究主要将重点放在员工表达他们的建议方面，很少有研究关注员工表达他们的顾虑方面(Liang 等，2012)。Liang 等(2012)明确地将员工建言划分为两个维度：促进性建言(promotive voice)和抑制性建言(prohibitive voice)。促进性建言是指员工表达他们的新想法或建议以改善组织的整体运作；而抑制性建言则是指员工主动地指出目前已经存在或者可能对组织造成损害的问题,例如损害组织的事件或行为等。由于这两种建言之间存在显著区别,以往的研究结论可能是不完整的(Chamberlin 等,2017)。

本书从 CSR 和人力资源管理相结合的视角出发,探讨 CSR 对员工不同建言行为的影响,构建 CSR 影响员工行为的作用机制与边界条件的理论模型。具体而言,企业社会责任作为一种"第三方公正"能够向员工发送他们所在的企业关心他人的信号(Hansen 等,2016)。学者认为,员工不仅"向内看"以评估企业如何对待他们自身,而且会"向外看"以评估企业如何对待外部利益相关者(Rupp,2011;Thornton 和 Rupp,2016)。因此,本研究提出,当员工认为他们所在的企业对社会负责时,他们可能认为表达他们的建议和意见是一种有效并且低风险的行为,从而提高他们促进性和抑制性建言等行为的积极性(Morrison,2011;Liang 等,2012;Wei 等,2015)。

探究 CSR 与员工两种建言之间的关系不仅能够帮助学者从微观视角理解 CSR 的益处,而且能够帮助企业理解如何运用 CSR 来激励员工的建言行为(Chamberlin 等,2017)。一系列研究表明,员工建言能够对组织产生积极影响,例如,提高组织有效性(Morrison,2011),减少人员流动(McClean 等,2013;Fast 等,2014),提高团队生产力和安全绩效(Li 等,2017),改善团队创新能力以及帮助员工成为领导者,等等(Liang 等,2019;McClean 等,2018)。

(2)如果企业社会责任能够影响员工行为,那么其内在的作用机制是什么?

以往关于企业社会责任与员工结果变量之间关系的研究主要聚焦于社会认同理论(Bauman 和 Skitka,2012;De Roeck,El Akremi 和 Swaen,2016;Farooq 等,2017)和社会交换理论(De Roeck 和 Maon,2018;Vlachos 等,2014;Archimi 等,2018),但是忽略了伦理氛围理论等潜在机制。虽然社会认同理论和社会交换理论有助于解释 CSR 如何通过组织认同或社会交换机制来影响员工的态度和行为(De Roeck 和 Maon,2018),但是他们并未整合工作环境中的伦理行为规范,也未能解释为什么 CSR 能够帮助员工权衡建言行为所造成的潜在个人收益和风险。

为了解决"CSR 如何影响员工行为的潜在作用机制"问题,本研究引入伦理氛围理论等多个理论来探讨 CSR 如何影响员工的不同行为。例如,根据伦理氛围理论(Martin 和 Cullen,2006;Arnaud 和 Schminke,2012),组织伦理氛围反映了组织成员对组织内部什么是伦理上正确的行为以及如何处理伦理问题的共同感知,为员工处理伦理问题提供了依据。伦理氛围包含两种类型:关注他人氛围(other - focused climate)和关注自我氛围(self - focused climate)。关注他人氛围指组织成员不仅关心组织的整体利益,而且考虑道德决策可能对社会造成的影响;关注自我氛围指组织成员做出决策的目的主要是追求自身利益,而不考虑这些道德决策对他人造成的影响。伦理氛围的类型取决于组织的性质和背景,这些不同类型的伦理氛围在员工的后续行为中发挥着重要作用(Simha 和 Cullen,2012;Newman 等,2017)。企业社会责任反映了影响员工对组织道德本质进行判断的关键线索(Bauman 和 Skitka,2012),能够塑造组织中的伦理氛围(关注他人和关注自我氛围),继而影响员工后续的建言行为。

(3)企业社会责任何时会影响员工不同建言行为?

由于企业社会责任本质上的矛盾性(即追求利益最大化的企业致力于改善社会福祉),公众经常怀疑企业履行 CSR 的动机,甚至将其视为一种"漂绿"或"粉饰"行为(Vlachos 等,2017)。因此,企业社会责任与员工不同建言行为之间的关系可能会受到很多因素的影响。伦理氛围理论主要采用单一行动者(single actor)的视角以解释伦理氛围是如何形成的,但是尚未从多个行动者(multiple actors)视角诠释 CSR 何时会对不同类型的伦理氛围产生影响,继而影响员工不同类型的建言行为。

为了解决这一研究问题,本研究整合伦理氛围的多体验模型和线索一致性理论,从领导层面以及人力资源管理实践的视角出发,探究影响 CSR 与员工不同行为之间作用机制的调节因素。具体而言,Hansen 等(2016)同时考虑多个行动者视角,提出了伦理氛围的多体验模型(Multi - experience model)。同时,线索一致性理论指出,员工依赖多个情境线索,并且评估这些情境线索的一致性以理解他们所在的组织环境,并相应地调整他们的态度和行为(De Roeck 和 Farooq,2018)。通过整合伦理氛围的多体验模型和线索一致性理论,本研究提出,员工会"向外看"企业社会责任,"向上看"他们的领导者以及"向内看"企业内部人力资源管理实践,从而形成不同类型的伦理氛围感知。

一方面,领导者与员工有非常直接的互动,并且能够向员工发出强烈的信号(Morrison,2011;Liu 等,2017),所以领导者在帮助员工诠释组织情境信息方面发挥着重要作用(Vlachos 等,2017)。近年来,由于公司领导者的傲慢、自恋引起的企业道德丑闻频繁出现,谦卑型领导的重要性越来越引起人们的关注。作为一种"自下而上"的领导风格,谦卑型领导是指领导者愿意获得正确的自我认知、欣赏他人的优点和贡献以及对自我提升持开放态度(Ou 等,2018)。Ou 等(2014)认为谦卑型领导还包含低水平的以自我为中心(即保持低调,不哗众取宠以及不追名逐利)、自我超越追求(即追求自我价值实现以及为更大的群体和社会做出贡献),以及超然的自我概念(即接受自己不是宇宙的中心,能够正确看待自我与他人及自然的关系)。这种类型的领导者更加关注员工和社会福祉而不是其自身的利益,并且能够促进员工对伦理问题的关注(Morris 等,2005;Owens 和 Hekman,2012;Oc 等,2015;Lin 等,2019;Frostenson,2016)。近几年,在企业伦理研究领域,谦卑型领导引起了学者越来越多的关注(Lin 等,2019;Rego 和 Simpson,2018;Owens 等,2019)。有学者提出,谦卑的美德体现了企业合作和亲社会的性质,成为商业环境中的一种理性反应。很多理想的道德特征(例如公平和值得信赖等)也深深植根于谦卑的概念中(Owens 和 Hekman,2012;Oc 等,2015)。根据线索一致性理论和伦理氛围的多体验模型,本研究聚焦于谦卑型领导作为一种以伦理为导向的领导类型,不仅能够传递出与 CSR 相一致的高度以他人和社会为中心、低度以自我为中心的情境线索从而营造不同类型的伦理氛围,而且能够进一步影响员工后续行为。

另一方面,企业社会责任与员工行为之间的关系也会受到 CSR 在企业内部实施情况的影响。社会责任型人力资源管理(socially responsible human resource management,SRHRM)作为一种针对员工的 CSR 实践活动,是 CSR 成功实施的重要工具和关键举措。SRHRM 实践包括招聘和保留有社会责任感的员工,为员工提供社会责任方面的培训,并在绩效考核、升职加薪时考虑员工对社会的贡献(Shen 和 Zhu,2011;Shen 和 Benson,2016;Shen 和 Zhang,2019)。这种 SRHRM 实践在平衡内部和外部利益相关者之间的利益、获得员工支持以及推进 CSR 实施方面发挥着重要作用(Shen 和 Benson,2016;Shen 和 Zhang,2019)。

目前有关 SRHRM 的研究十分匮乏,这些有限的研究仅仅探讨了 SRHRM 对员工积极态度和行为的影响,例如,组织承诺、工作绩效和角色外的助人行为等。但是,现有研究尚未将 SRHRM 作为影响员工对 CSR 做出反应的调节因素。本研究提出,SRHRM 能够帮助企业充分发挥 CSR 的积极作用以营造不同类型的伦理氛围,继而影响员工的促进性和抑制性建言行为。

1.4.2　研究目的

本研究的主要目的是通过考察 CSR 对员工不同行为的影响机制及边界条件,探讨在中国背景下"CSR 是否、如何以及何时影响员工行为"这一研究问题。为了达到这一研究目的,本研究构建并验证一个双路径的理论驱动模型。该模型试图在微观层面揭示 CSR 影响员工行为的作用机制及边界条件,并阐明组织如何从其 CSR 实践活动中获得最佳回报,以回应当前 CSR 研究所面临的争议和挑战,旨在为当前企业开展 CSR 的管理实践提供有益的参考。通过回答以上研究问题,本研究试图实现以下几方面的研究意义。

（1）本研究试图通过率先探究 CSR 对员工行为的影响，将 CSR 方面的研究拓展到人力资源管理领域，以填补 CSR 与员工不同行为之间的研究空白。该研究旨在帮助企业管理者从员工视角认识 CSR 的重要性，以提高企业的社会责任意识，而且旨在使企业管理者通过开展 CSR 活动来提高员工建言等行为的积极性，从而帮助企业避免潜在危机、实现持续性发展。

（2）本研究旨在通过揭示 CSR 如何影响员工的不同行为，深化对 CSR 研究多重潜在作用机理的理解，丰富和拓展伦理氛围理论。该研究将为管理者理解 CSR 如何影响员工行为提供依据，有助于管理者从组织伦理氛围的视角出发理解 CSR 影响员工不同行为的作用机理。在实际工作中，员工往往见机行事（read the wind）以决定是否采取建言行为。而 CSR 通过营造组织的伦理氛围，为员工权衡建言行为提供了依据。

（3）本研究旨在从领导类型和人力资源管理实践的视角，揭示 CSR 影响员工两种不同建言行为的边界条件，从而达到拓展伦理氛围的多体验模型和线索一致性理论的目的。本研究试图帮助企业识别 CSR 激励员工进行后续行为的实现条件。具体而言，企业在承担社会责任的活动中要注意实施的方式和方法，否则很容易造成"费力不讨好"的后果。本研究试图使企业管理者认识到：在实施 CSR 的过程中，企业通过调控领导行为以及人力资源管理方面的因素（如采取谦卑型领导和 SRHRM 实践），使员工相信企业是在低调、真诚地履行社会责任，从而促使员工对 CSR 做出积极反应。该研究旨在帮助企业更好地发挥 CSR 的积极效应并且削弱其消极效应，继而激励员工积极参与回馈组织的建言行为。

1.4.3 研究路径与研究方法

研究表明，内部效度涉及因果关系，外部效度涉及研究结论在不同时间、情境下的普遍性（Scandura 和 Williams，2000）。实验研究能够有效地验证理论模型的因果关系，并通过控制潜在的影响因素为内部效度提供强有力的证据。但是，实验研究是以研究结论的普遍性为代价的，无法保证研究的外部效度。同时，实证研究设计能够提高理论模型的外部效度，但是却无法保证研究的内部效度。在绝大多数情况下，单一的研究方法无法同时兼顾内部和外部效度。学者指出，研究人员可以通过实验研究和实证调研相结合的方式有效地解决内部效度和外部效度的问题。目前，就管理学领域的发展趋势来看，多种研究方法的结合使用越来越受到学者的青睐。发表在《管理学会杂志》（*Academy of Management Journal*）等顶级期刊上的研究也越来越多地使用实验和实证相结合的研究方法。因此,本书采用实验和实证相结合、定性和定量相结合的方式进行展开,拟采用理论、案例、实证与实验等多种研究方法相互结合的方式来探究 CSR 对员工的影响机制,具有一定的特色。

1.4.4　整体框架

本书具体研究内容与整体结构框架如图 1-1 所示。

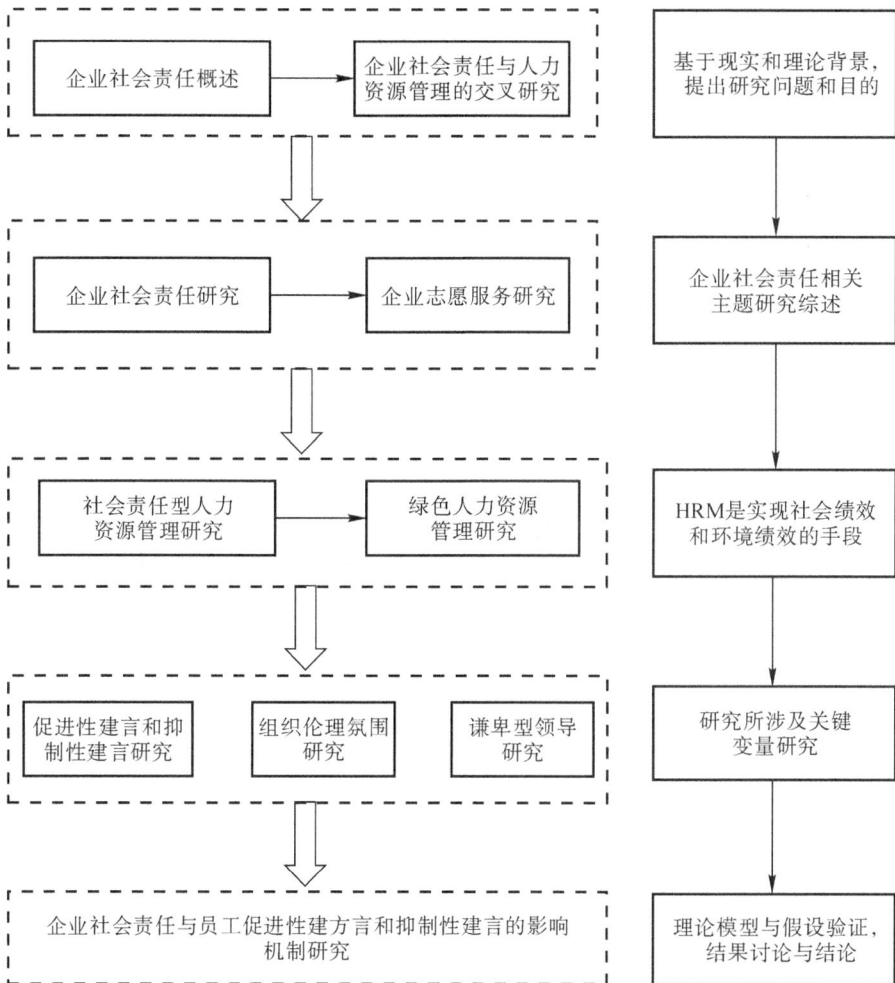

图 1-1　本书的研究内容与整体结构框架图

1.5　本　章　小　结

（1）在后疫情时代,企业社会责任的作用日益突出。企业积极履行社会责任能够帮助企业实现经济效益和社会效益的"双赢"。反之,企业社会责任缺失则会给企业带来潜在危害,甚至导致企业破产。

（2）随着人们对以员工为中心的 CSR 和人力资源管理的伦理方面的日益关注,学者越来越关注将企业社会责任与人力资源管理联系起来,从微观层面的员工视角出发探究 CSR 的潜在成本和收益。

（3）本书通过对企业社会责任与人力资源管理进行交叉研究,帮助学者和管理者全面认识企业社会责任的影响。

第二章 企业社会责任与人力资源管理的交叉研究

2.1 企业社会责任与人力资源管理之间的关系

在讨论企业社会责任的演变及其对人力资源管理的影响时，首先必须明确当前研究关于企业社会责任与人力资源管理之间关系的探讨。人力资源管理可以被定义为侧重通过由多个公共和私营部门组成的网络对就业关系中人员进行管理的机构、话语和实践（Voegtlin 和 Greenwood，2016）。企业社会责任通常与人力资源管理和企业绩效联系在一起。例如，战略人力资源管理政策越完善的公司往往会有更强的 CSR 政策。

企业社会责任促进企业绩效的表现之一是努力建立积极的企业形象。它可能是模糊的或清晰的，微弱的或强烈的。它可能因人而异，随着时间的推移而变化，并且因组织而异。一般来说，当利益相关者意识到企业社会责任时，就会产生积极的企业形象，而这种积极的形象与更高的企业价值有关。企业形象越来越负面的公司可能会在财务业绩方面受到影响并失去公司价值（Turner 等，2019）。CSR 还致力于通过口碑广告和建立客户忠诚度来建立积极的企业形象。鉴于对个人态度和品牌形象的影响，企业社会责任已被发现影响许多人力资源实践，包括招聘、选拔、保留、薪酬和组织文化的发展。例如，在招聘方面，学者发现企业社会绩效的要素与雇主吸引力呈正相关。

CSR 的测量以及 CSR 对组织声誉和绩效的影响是长期的，而且往往很难捕捉。此外，除了 CSR 难以衡量外，人力资源管理和 CSR 之间的关系也是如此。这个问题更为复杂的是，CSR 和人力资源管理之间的关系似乎是相互的。CSR 可以影响人力资源管理实践，而人力资源管理实践也可以影响企业在企业社会责任中的选择。

企业社会责任与人力资源管理领域的学术辩论主要由两种趋势主导：作为CSR组成部分的人力资源管理和作为人力资源管理组成部分的企业社会责任，很少有研究关注两者关系的概述或两者构念的整合（见表2-1）。

以往研究将人力资源管理描述为企业社会责任的前因，探讨了各种人力资源管理实践如何影响企业社会责任政策和实践（见表2-2）。这些研究与人力资源管理参与企业社会责任的基本原理的隐含假设不同，侧重于有效性标准或超出实现绩效相关目标的扩展责任标准。就前者而言，人力资源管理可以对实现CSR绩效相关目标产生积极影响；就后者而言，人力资源管理可以赋予员工正当的建议权或增强CSR的责任目标。有趣的是，这一类别中只有少数研究基于有效性标准，并且出于战略原因关注使用人力资源管理来实现CSR。

表 2-1　企业社会责任和人力资源管理的关系

CSR 和 HRM 的关系	说明	参考文献举例
HRM 作为 CSR 的组成部分 HRM 作为 CSR 的组成要素 CSR 作为研究的焦点	HRM 是 CSR 的前因 人力资源（即员工）和人力资源管理作为实现 CSR 的途径 HRM 作为 CSR 的子集 HRM 是构成 CSR 的因素之一	Becker（2011） Chih 等（2010） Garavan 和 McGuire（2010） Cheruiyot 和 Maru（2011） El Ghoul 等（2011）
CSR 作为 HRM 的组成部分 CSR 是 HRM 的要素 HRM 作为研究的焦点	CSR 使有效 HRM 成为可能 CSR 被当作实现人力资源管理的目标（如改善招聘或减轻监管） CSR 使 HRM 更具责任感 CSR 被认为是确保对员工进行负责任管理的手段	Mueller 等（2012） Sousa 和 Farache（2011） Ardichvili（2011） Shen（2011） Shen 和 Zhu（2011）
CSR 和 HRM 是相互依存的 CSR 和 HRM 都是研究的焦点	CSR 和 HRM 确定为并行讨论的主题 CSR 和 HRM 的交互影响 CSR-HRM 作为一种复杂而丰富的互动现象。员工、员工代表和管理员工的人涉及多个利益相关者	Smith 和 Langford（2011） Baek 和 Kim（2014） Gond 等（2011） Westermann-Behaylo 等（2014）

表 2 – 2　人力资源实践与 CSR 相互促进的例子

人力资源管理促进 CSR	CSR 对人力资源管理的贡献
人力资源管理可以检查潜在员工对 CSR 话题的敏感性 人力资源管理可以根据组织的 CSR 价值观和潜在员工价值观之间的契合度来选择员工	CSR 有助于吸引优秀的人才,因为求职者越来越重视与 CSR 相关的方面 CSR 可以揭示人力资源管理选择程序的多样性和机会平等的问题
人力资源管理可以促进 CSR 实践 人力资源管理可以促进 CSR 在组织中创造社会责任文化	CSR 可以帮助评估社会人力资源实践效果 CSR 有助于激励员工,培养员工的责任感和组织认同
人力资源管理可以制订长期的薪酬计划 人力资源管理可以有助于实现 CSR 目标 人力资源管理有助于经济、社会和生态创新	CSR 有助于界定人力资源管理的目标,可以用来激励和奖励员工
人力资源管理可以使员工对 CSR 问题更加敏感,有助于培养员工的社会责任感	CSR 管理者可以培训人力资源管理人员,开展具有社会责任的人力资源实践

2.2　人力资源管理在企业社会责任中的作用

　　尽管在过去的十年中,有关人类和社会可持续性的研究蓬勃发展,但人力资源管理部门在促进更具社会责任感的组织方面所扮演的角色仍不清楚。在实践中,这种不清晰是由于人力资源对 CSR 的潜在贡献具有多重特征以及人力资源和企业社会责任功能的整合普遍失败所造成的。在理论上,人力资源在企业社会责任角色框架的缺失,以及学术界对人力资源管理和企业社会责任研究的实质性分离起到了主要作用。

　　利益相关者理论研究越来越多地阐明了员工作为人类和组织可持续性的促进者和接受者的重要性。这些研究将组织的定义扩展到任何能够影响或受组织目标影响的群体或个人。这种扩展不仅提供了一个更具体和更广泛的可持续性定义,而且也强调了可持续性的社会关系方面的重要性。

　　为了全面理解人力资源管理在企业社会责任中扮演的潜在角色,首先回顾人力资源管理和企业社会责任的理论文献,以确定主要的概念类别和维度(De Stefano1 等,2018)。企业社会责任中人力资源角色的关键特征有两个维度:人力资源活动的主流方向(人员 vs 流程)和企业社会责任的主流焦点(内部 vs 外部),如图 2-1 所示。

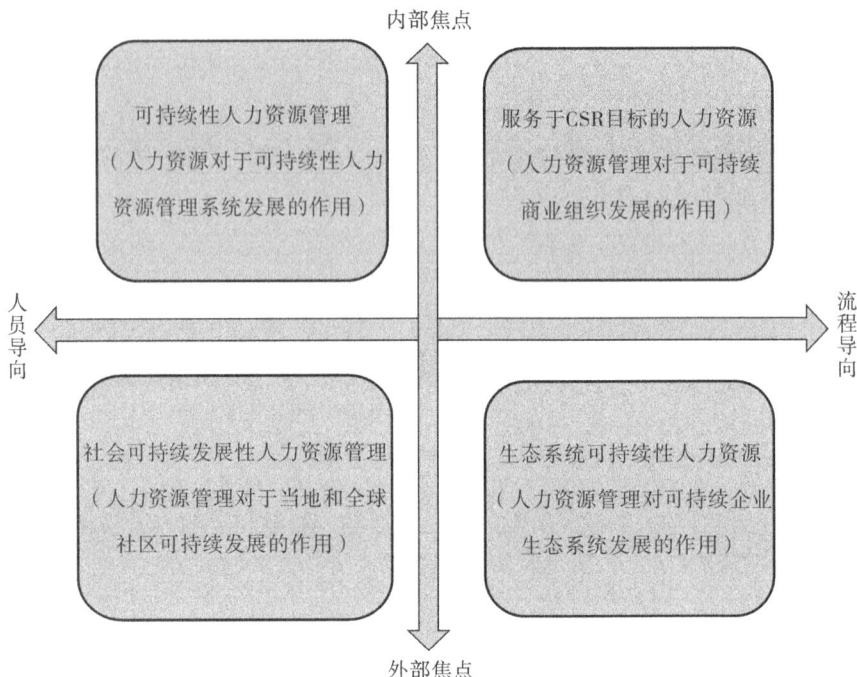

内部焦点

可持续性人力资源管理
(人力资源对于可持续性人力
资源管理系统发展的作用)

服务于CSR目标的人力资源
(人力资源管理对于可持续
商业组织发展的作用)

人员导向

流程导向

社会可持续发展性人力资源管理
(人力资源管理对于当地和全球
社区可持续发展的作用)

生态系统可持续性人力资源
(人力资源管理对可持续企业
生态系统发展的作用)

外部焦点

图 2-1 HR-CSR/可持续性的类型

人员和流程之间的对比体现了人力资源活动在多大程度上是面向企业社会责任的。"流程"导向侧重于人力资源职能所扮演的技术角色。它包括通过培训、沟通、招聘、薪酬、绩效评估、发展计划、员工参与和授权等过程;还包括人力资源在企业社会责任/可持续发展组织单位中管理人力资源的角色。人员导向定义了人力资源职能所扮演的社会角色。它包括人力资源对社会可持续性的贡献,指导和保持可持续的就业关系。

企业社会责任的内部与外部维度起源于多个利益相关者理论,以及企业社会责任文献中对内部 CSR 和外部 CSR 做出的广泛区分。Spooner 和 Kaine(2010)区分了内部和外部员工参与,并确定了三种可能的类型:①与组织可持续性相关的参与;②与更广泛的环境相关的参与;③与维持组织人力资源相关的参与。第①和第③种参与类型是内部导向的,而第②种类型则是外部导向的。外部导向参与的典型例子包括员工志愿服务和一般的慈善活动。在造福社区的服务、活动和投资中,员工并不是可持续发展行动的直接焦点,而是参与促进外部环境的组织可持续发展活动。

当焦点是外部导向且以人为本时,也就是说当企业活动是面向组织外部利益相关者的需求(如当地社区)时,人力资源角色落在可持续发展和慈善领域。关于企业如何在这一领域做出贡献的研究相对较少。Tracey 等(2005)将这种稀缺归因于这样一个事实,即组织不成比例地将慈善事业解释为对当地事业的不协调捐赠,并认为它是核心业务的外围。由于这些原因,企业经常将这些活动外包给非营利组织(Brammer 和 Millington,2005)。企业也可以将这些活动内部化,开发由专门部门直接管理的项目,甚至采用战略方法与第三方进行长期合作,共享共同的企业社会责任目标和资源池。最后,企业还可以与财务和战略上独立的第三方组织("社区企业")建立平等的伙伴关系。

当焦点是外部导向和流程导向时,其涉及为其他组织的成员(如供应商、客户和不同类型的合作伙伴)设计、实施、协商和监控人力资源的流程和实践。典型的例子包括公司制定和遵守的其他规章制度和实践,以确保在全球供应链中尊重人权,提供安全的工作条件。

人力资源管理对 CSR 的作用的研究主要集中在人力资源实践如何影响支持各种可持续发展目标实现的行为和文化。在企业社会责任领域的人力资源管理研究是一个非常富有前景的领域,具有很强的理论和实证基础,并具有广泛的实践意义。

2.2.1　内部/流程导向

关于人力资源和企业社会责任之间关系的最传统和最成熟的研究领域是人力资源职能在组织层面实施可持续发展举措时所扮演的技术/流程角色(Taylor 等,2012)。总的来说,这个象限包括超 50% 的文章,这些文章通常出现在人力资源管理的专业期刊(如 *Human Resource Management*、*International Journal of Human Resource Management*)和商业伦理期刊上(如 *Journal of Business Ethics*)。这一系列的研究主要集中在人力资源实践如何影响支持各种可持续发展目标的文化和行为。

服务于 CSR 目标的 HR 研究具有强大的理论和实践意义。一方面,这一领域的研究普遍采用员工视角,描述了具体的人力资源政策、流程和实践的影响。这一研究主要建立在战略人力资源管理和组织行为学方面的文献上。他们专注于个体层面分析,解决人力资源管理实践如何影响个体行为和动机结果的问题,如对可持续性的感知和意识，领导-下属关系和员工可持续性参与等方面。另一方面，本领域还存在一些以轶事证据和案例为基础的研究。这些研究主要聚焦于企业层面的分析单元，与企业社会责任和商业伦理道德有更强的联系，普遍关注跨国公司的国际经验，主要目标是为人力资源经理提供如何实施可持续性战略的管理经验。

总的来说，这一象限的研究采用了相对狭窄的 CSR 定义，主要基于企业可持续性与环境维度相关的可持续性研究。与 CSR 的定义一致，环境可持续性是人力资源对企业社会责任最成熟的研究领域。这一领域的研究数量反映了从业者和学者兴趣的演变模式。开发绿色人力资源管理系统能够增加员工工作积极性和参与度。但是，如何从战略上设计和实施以可持续发展为导向的人力资源实践，以及如何运用这些人力资源管理实践以产生相互协同作用在很大程度上仍然是悬而未决的问题，这就要求对企业社会责任的人力资源主题采取更具战略意义的方法。

2.2.2　内部/人员导向：可持续性人力资源管理

可持续性人力资源管理(Sustainable HRM)方面的研究将人力资源角色描述为嵌入 CSR 的发展，而不是工具性的。这些研究建立在这样的假设上：员工作为人力资源职能的主要利益相关者，社会可持续性自然属于组织中人力资源范围。因此，人力资源管理的目标不是促进企业社会责任，而是作为人力资源领域的一部分的社会可持续性本身。虽然已经有一些关于人力资源如何促进员工志愿服务的研究，但文献仍处于起步阶段。通常从流程导向和内部焦点来考虑这一人力资源活动，并强调志愿者努力在改变人们对企业社会责任的态度方面的积极作用，而不是指出人力资源影响社区的方式。这一象限内的几篇理论文章论述了人力资源问题和可持续性之间的关系。目前，关于可持续性人力资源管理主题的研究数量迅速增长。然而，对人力资源管理问题的研究，如员工福利、健康和安全、多样性管理、负责任的裁员、工作-生活平衡等领域主要是孤立地发展，而不是在综合的人力资源管理/可持续发展框架内。

自联合国世界环境与发展委员会(WCED)提出"可持续发展"的概念以来，可持续发展的理念受到了企业界和学术界的普遍关注。可持续发展要求不仅要满足当代人的需求，而且要充分考虑后代人的需求，从根本上实现经济、环境、社会三种要素的协调和多维度发展(唐贵瑶等，2017)。有关可持续性人力资源管理的研究至今已有二十多年，但是可持续性人力资源内涵的界定尚未形成统一结论。目前,关于可持续性人力资源管理的交叉学科研究大量出现,呈现出一些鲜明的特点。一方面,学者越来越认可人力资源管理在可持续发展组织中的地位,提出通过创新管理、环境管理、文化多样性管理等多种途径来提高企业的经济绩效、环境绩效、社会绩效;另一方面,目前对可持续性人力资源管理维度的探讨仍然处于理论探讨阶段,相关的实证研究还非常匮乏。唐贵瑶等(2017)提出可持续性人力资源管理是指一系列有助于企业获取可持续竞争优势的人力资源管理活动,重点关注在经济绩效、环境绩效、社会绩效三者之间寻求平衡,实现人力资源管理活动持久、有序、协调发展,从而最终实现人力资源管理系统的可持续运行。可持续性人力资源管理的三种内涵对比见表2-3。

表 2 - 3　可持续性人力资源管理的三种内涵对比

	物质导向可持续模式	效率导向可持续模式	规范化可持续模式
原则	经济性原则	从环境管理的角度遵循经济性原则	社会责任原则
目标	维持组织资源基础的长期性	资源的可持续使用,减少消耗,创新价值	代际公平,社会公正,合法合理
侧重点	平衡人力资源的供给和再生	最大化人力资源利用率	负责任地、有道德地对待员工
优点	有效缓解人力资源紧张问题,为组织未来的需要保持充足的人力资源	有利于正确地制定人力资源消耗和再生策略	关注员工工作环境和健康以及如何降低员工工作压力的负面影响等
不足	企业很难建立有效的组织情境来支持人力资源供给和消耗的平衡机制	不利于资源基础的长期稳固性,无法有效部署人力资源	对于需求特别是未来一代人的需求很难做到面面俱到
理论基础	生态经济学	资源基础观	利益相关者理论

资料来源:唐贵瑶,袁硕,陈琳.可持续性人力资源管理研究述评与展望[J].外国经济与管理,2017(2):102-113.

2.2.3　外部/人员导向:社区可持续性人力资源

社区可持续性人力资源管理(HR for community sustainability)这一象限是"人员导向"与直接参与组织运作的社区和整个社会相匹配(Margolis 等,2003)。这个象限中的人力资源角色是双重的。一方面,人力资源支持、设计和实施员工志愿活动。这一领域的研究主要集中在允许和鼓励员工志愿工作,可以使公司更快地实现可持续发展的价值。因此,这些活动反映了人力资源在建立企业社会责任文化和内部环境方面的贡献。虽然有一些关于人力资源如何促进员工志愿服务的研究,但相关文献仍处于起步阶段。现有研究通常从流程导向和内部焦点来考虑这一人力资源活动,并强调志愿者在改变对 CSR 态度方面的积极影响,而不是确定人力资源影响社区的方式。

另一方面,人力资源职能提供发展和培训的平台,通常发生在采购等其他部门为外部利益相关者的人权采取更为广泛举措的背景下,目的是创造就业机会。这一象限的研究主要建立在传统的商业伦理理论基础上,即组织如何参与 CSR 战略以保证改善当地社区和更广泛社会的生活条件,主要集中在慈善捐赠行为(Margolis 和 Walsh,2003)。因此,在这个象限中最具代表性的出版物是商业伦理专业期刊。这一象限的论文主要在宏观层面展开,并且超过一半的研究采用案例研究方法。

以人为本、可持续的人力资源管理理念,响应了社会需求,成为以员工为中心的可持续发展政策的外部补充。但是,现有研究缺乏对这一主题的关注(Beer 等,2015)。该象限中分类的少量论文支持了这一问题是研究前沿的说法。然而,越来越多的证据表明,此类项目对员工的动机和行为结果具有重要影响(MacPhail 和 Bowles,2009),关于人力资源管理和企业社会责任之间相互作用的研究有进一步发展的潜力。

2.2.4 外部/过程导向:生态系统可持续性的人力资源

在人力资源对于生态系统可持续性这个象限内,人力资源政策关注获取和发展技能,激励和奖励工作场所外 CSR 行为。该象限的文章通常是单个公司的案例研究,以公司层面为分析单元,并出现在运营管理和商业伦理方面的期刊上。

目前,两个主要因素阻碍了人力资源研究人员在这一领域的参与,并解释了在这一象限文章较少的原因。首先,采购和物流部门在管理整个供应链的可持续性方面具有主导作用。其次,第二次世界大战后工业关系方面的学者对人力资源管理和人事管理相对缺乏兴趣。

最近的研究显示,在一个组织间相互依赖和扩展的企业、供应链等,有助于 CSR/可持续发展的人力资源任务表现出越来越多的外部焦点,并通过适当的人力资源实践和系统为客户、供应商和合作伙伴提供支持,以追求可持续发展战略。

2.3　未来的研究方向

未来的研究可以从以下几个方面进行探讨。

第一,人力资源在企业社会责任的作用研究应进一步关注利益相关者视角。具体而言,未来研究应侧重于人力资源职能如何从关注内部利益相关者转变为关注如何平衡内部和外部利益相关者之间的利益。这需要将社会、企业和员工的分析层次联系起来,形成多层次的理论化研究。这种转变不仅对人力资源和企业社会责任职能之间的关系产生影响,而且能够影响潜在的组织设计选择,是一个非常有前途的研究领域。从方法论的角度来看,推动该领域的发展将需要提高目前调查结果的外部有效性,补充目前占主导地位的单一企业案例研究与多企业/多行业研究的纵向数据。最近学者们呼吁重新整合 CSR 研究和 HRM 研究,为促进该主题的多学科交叉研究提供了宝贵的机会(De Stefano 等,2018)。多利益相关者框架促使人力资源管理研究人员更多地关注人力资源管理活动如何影响不同的利益相关者,包括对收入平等、社会凝聚力和社区福祉的影响,对人力资源管理的研究具有重要的意义。

第二,现有研究尚不清楚人力资源管理专业人员如何平衡组织内外不同利益相关者的利益以及满足不同利益相关者需求有效性的影响因素。此外,目前研究尚不清楚人力资源管理实践对利益相关者的长期影响以及可能产生的副作用。研究表明,可持续性人力资源管理实践(如灵活的工作安排),能够产生负面的溢出效应(如更长的工作时间、压力和疲惫)。

第三,实质性 CSR 和表征性 CSR 之间的区别能够帮助学者理解人力资源管理在 CSR 中的作用,但在研究人力资源管理与 CSR 的关系时在很大程度上被忽视了。从根本上说,对于大多数组织来说,CSR 作为一种合规和风险管理的企业实践,在很大程度上与核心业务流程脱钩,主要是表征性 CSR。这可能是人力资源管理功能在 CSR 战略的设计和实施中缺乏参与的原因之一。

第四,企业的 CSR 承诺程度对所有的利益相关者群体都有影响,不仅会影响 HRM 职能在 CSR 活动中的参与程度,还能够决定 HRM 对这些利益相关者的作用。特别是员工等内部利益相关者对企业实质性 CSR 行动更感兴趣,并且能够识别企业的 CSR 活动。有学者发现,当象征性 CSR 行动没有得到实质性支持时,员工很快就会发现这个事实,从而撤回他们的支持和忠诚度。即使是那些通过实质性 CSR 参与来最大化股东价值的企业也面临着被员工和其他利益相关者发现"道德造假"的风险。相比之下,当利益相关者认为 CSR 的潜在动机是真实的,而公司对 CSR 的参与是实质性的时,可能会带来有利的结果,例如增加员工对组织的承诺、提高客户忠诚度等。未来研究可以进一步探究企业参与CSR 的深度（即在何种程度上是实质性 CSR 而不是象征性 CSR）对 HRM 的影响，以及 HRM 活动如何有助于更大的参与深度等问题。

2.4　本 章 小 结

首先，本章对企业社会责任与人力资源管理二者之间的关系进行了梳理。其次，从人力资源活动的主流方向（人员 vs 流程）和企业社会责任的主流焦点（内部 vs 外部）这些不同维度，回顾了人力资源管理和企业社会责任的理论文献，以全面理解人力资源在企业社会责任中扮演的潜在角色。最后，指出了企业社会责任与人力资源管理领域的一些未来发展趋势。

第三章 企业社会责任的研究

超越传统的宏观层面(即制度和组织层面)分析,关于微观企业社会责任学者建议将组织心理学、组织行为学与企业社会责任方面的观点相结合(Aguinis和Glavas,2012;Jones和Rupp,2014)。微观层面的企业社会责任是在个体层面探究企业社会责任对员工行为的影响。近几年来,从微观层面特别是从组织内部员工的视角,探究企业社会责任对企业影响的研究越来越受到学者的关注,呈现出井喷式的发展趋势。

3.1 企业社会责任的驱动因素研究

关于企业社会责任的驱动因素,本书指的是作为触发 CSR 参与的预测因素,无论是被动的(为什么人们认为他们必须不情愿地参与 CSR)还是主动的(为什么人们选择参与企业社会责任,大多是自愿的)。已有学者对 CSR 的前因变量进行了实证研究,发现组织文化、领导者风格、高管团队特征、企业家特征、董事会特征等因素会对 CSR 产生影响。CSR 的前因变量研究情况如图 3-1 所示。

3.1.1 宏观层面因素对企业社会责任的影响

以往研究从外部环境、企业特征和企业战略的视角探讨了其对于企业社会责任的影响。

(1)外部环境。Marano 和 Kostova(2016)探究了跨国公司的外部环境复杂性如何影响企业进行 CSR 实践。包英群等(2017)以我国 1 142 家新创企业为样本,分析了正式/非正式两种制度嵌入对新创企业社会责任参与的影响。

(2)企业特征。Lamb(2018)的研究基于 1994 年到 2006 年期间的 153 家公司样本,探讨了家族企业和机构所有者对企业社会责任绩效(即 CSR 的优势和关注点)的影响。Lamb 基于管理理论和社会情感财富视角提出,家族企业更重视企业社会责任绩效。根据多重代理理论,他预测机构所有者不同于家庭所有者,会以不同的方式影响企业的社会责任绩效。具体而言,较高的家族持股比例和家族 CEO 的存在可以增强 CSR 的优势,而机构所有者则具有相反的效果。同时,家族 CEO 和创始家族的存在可以减少 CSR 关注点。与我们的预测相反,专门的机构所有者与 CSR 关注点正相关。DesJardine 等(2022)的研究表明,共同所有权与企业社会责任正相关。企业社会责任的增加是由具有长期导向的共同所有者推动的,并且集中在利益相关者敏感的行业。在这些行业中,企业社会责任溢出效应对经济的影响最大。Choi 等(2023)的研究表明,当一个国家具有长期导向文化,当企业和控股机构投资者具有长期投资视野时,企业社会责任活动更高。民族文化的长期导向增强了企业长期视野对企业社会责任的影响。此外,时间导向在环境企业社会责任中的影响比在社会企业社会责任中的影响更明显。

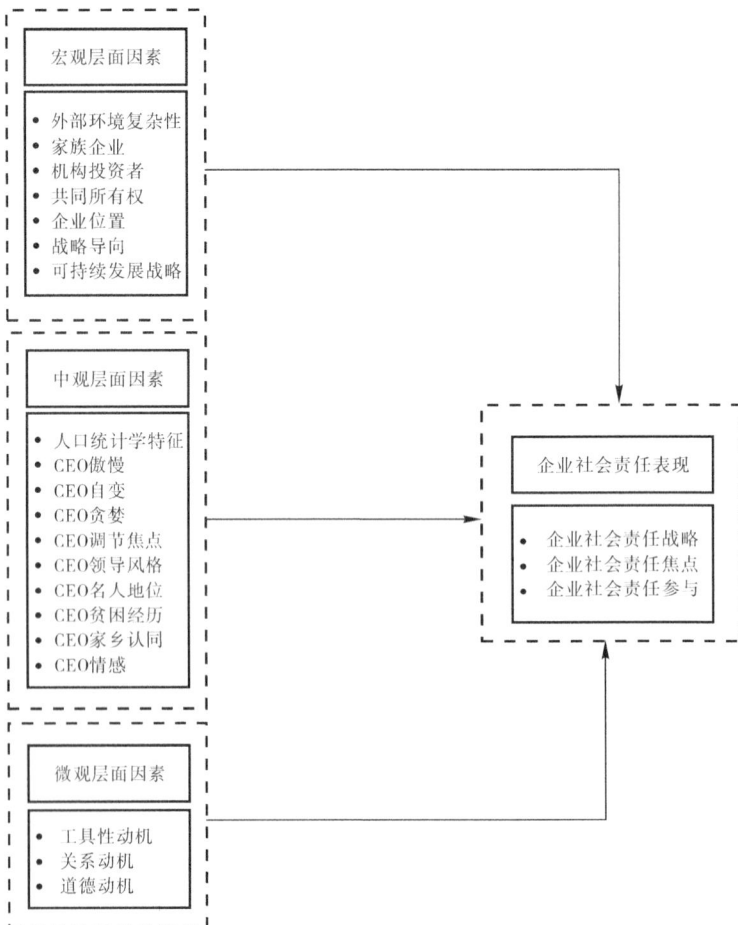

图 3-1 企业社会责任的驱动因素

Husted 等（2016）在经济地理学和制度理论的基础上，探讨了企业地理位置与 CSR 参与强度之间的关系。他们的研究表明，位于当地 CSR 密度较高地区的企业在 CSR 参与方面积极性更高。此外，与地处偏远地区的公司相比，位于大城市和金融中心附近的公司表现出更高的 CSR 参与度。

（3）企业战略。眭文娟和张慧玉（2015）基于 2008 年全国私营企业调查数据研究表明，探索型战略导向对新创企业的慈善捐赠具有显著的正向影响。刘桃等（2019）的研究采用我国 214 家制造业的数据进行回归分析，结果显示企业的环境可持续发展战略比经济可持续发展战略对于企业社会责任具有更重要的作用。

3.1.2　中观层面 CEO 特征对企业社会责任的影响

1. CEO 人口统计学特征对 CSR 的影响

研究表明，员工和高管的社会人口学特征（如年龄、性别、教育背景和任期）都可以预测 CSR 参与度。Hatch 和 Stephen（2015）发现女性对企业社会责任的特定维度（例如社会方面）更敏感。梁强等（2022）基于社会角色理论与女性主义关怀伦理理论，强调外部情境是影响女性董事对企业社会责任作用的关键因素。他们通过对中国民营上市制造业企业的实证研究表明，尽管整体上女性董事参与促进了企业社会责任，但这一作用取决于其所处的制度环境。当性别不平等程度较低时，女性董事参与表现出对企业社会责任的促进作用，而当性别不平等程度较高时，女性董事参与则会对企业社会责任产生抑制作用。

考虑到 CEO 在任期内的权力和动机，Jeong 等（2021）的研究提出，CEO 的任期与企业社会责任之间存在倒 U 形关系。研究结果表明，企业社会责任活动会随 CEO 任期的变化呈倒 U 形关系。

2. CEO 性格特征对 CSR 的影响

学者通过实证研究还探究了 CEO 的性格特征（傲慢、自恋、贪婪和调节焦点等）对 CSR 的影响。

（1）CEO 傲慢。Tang 等（2015）基于高层梯队理论和利益相关者理论，建立了 CEO 傲慢与企业社会责任之间的关系。他们首先提出 CEO 傲慢与企业的社会责任行为呈负相关关系，但与企业的社会失责行为呈正相关关系。他们发现，当企业对利益相关者的资源依赖程度更高时，CEO 傲慢与企业社会责任之间的关系会减弱。

（2）CEO 自恋。Petrenko 等（2016）基于高层梯队理论和代理视角，考察了

CEO 自恋对企业社会责任实践的影响。他们认为企业社会责任是对领导者关注和形象强化的个人需求的一种回应,并提出 CEO 自恋对组织的企业社会责任水平和结构有正向影响。Tang 等(2018)的研究探讨了 CEO 自恋对企业社会责任的影响。Al - Shammari 等(2019)的研究表明,CEO 自恋能够影响企业社会责任的关注焦点。CEO 自恋与外部导向的 CSR 行为存在显著正相关关系,而与内部导向的企业社会责任行为存在显著负相关关系。CEO 自恋与企业社会责任总体呈显著正相关关系。Al - Shammari(2022)基于 2006 — 2013 年财富 500 强公司的样本,探究了 CEO 自恋与企业社会责任之间的关系,提出 CEO 自恋与 CSR 之间存在倒 U 形关系,并且,CEO 的权力调节了 CEO 自恋与 CSR 之间的关系。

(3)CEO 贪婪。Sajko 等(2021)的研究在 2008 年全球金融危机背景下以美国上市企业的 301 位首席执行官为样本,探讨了高层管理人员如何影响多个利益相关者的福祉和长期组织结果;探究在全球金融危机爆发之前,CEO 的贪婪如何影响企业对企业社会责任的立场,以及反过来如何影响企业在全球金融危机期间和之后的命运。他们认为,CEO 的贪婪能够对企业社会责任产生负向影响,因为贪婪的 CEO 在肆无忌惮地追求个人财富的过程中,更容易表现出短视行为,忽视对企业社会责任的投资。这项研究采用了个人薪酬互动逻辑来理论说明,贪婪的高管对不同类型的薪酬工具特别敏感。研究得出,由于低 CSR 投资,贪婪的 CEO 领导的公司在短期内将遭受更大的损失,并需要更长的时间才能从 2008 年全球金融危机中恢复过来。

(4)CEO 的调节焦点。Gamache 等(2020)运用 374 家上市公司样本,探讨了 CEO 的调节焦点如何影响公司利益相关者的战略性质。具体而言,他们认为,CEO 的预防型调节焦点能够提高治理导向倡议的参与度。然而,CEO 的促进型焦点能够增加社会导向倡议的参与度。

(5)CEO 领导风格。以往学者探究了 CEO 的领导者风格对 CSR 的影响。例如,Du 等(2015)通过对管理人员进行问卷调研发现,CEO 的变革型领导能够促进 CSR 实践,而交易型领导则不会促进 CSR 实践。Wu 等(2015)考察了 CEO 的伦理型领导风格与 CSR 的关系。通过对 242 家中国企业的样本分析发现,CEO 的伦理型领导风格通过组织伦理文化对企业社会责任产生正向影响。此外,研究表明 CEO 创始人地位增强了 CEO 伦理领导对企业社会责任的影响,而公司规模则削弱了二者之间的关系。

3. CEO 个人经历对 CSR 的影响

(1)CEO 的名人地位。Lee 等(2020)的研究中考察了 CEO 名人地位对

CSR 参与倾向的影响。整合身份和印象管理理论,他们认为 CEO 维持其名人身份和地位的印象管理动机会影响企业社会责任活动的参与。他们探讨了名人地位对 CSR 的影响的三个边界条件。他们发现,当围绕企业预期绩效的不确定性较高、企业绩效较低、行业竞争强度较高时,名人 CEO 作为印象管理策略参与 CSR 活动的程度会增加。

(2)CEO 的早期成长经历。O'Sullivan 等(2021)运用创伤后成长理论探讨了 CEO 早年的创伤经历如何影响公司的社会绩效。他们的研究表明,CEO 早年生活创伤对负责任和不负责任的企业社会绩效的影响是不对称的,并指出了两个边界条件:创伤事件发生时 CEO 的年龄和事件的严重程度。Xu 和 Ma(2022)的研究则探究了 CEO 的贫困经历对 CSR 的影响。他们的研究发现,企业社会责任绩效随 CEO 贫困经历的增加而增加。具体而言,拥有早年贫困经历 CEO 的公司,其社会责任活动更多,社会不负责任活动更少。他们进一步发现,对于受过良好教育或权力较大的 CEO,其贫困经历与企业社会责任之间的正相关关系增强。他们的实证研究证明了,早年经历过贫困的 CEO 有更强的同情心和亲社会心理。因此,这些 CEO 更愿意对社会有益的活动进行长期投资,从而获得更好的社会责任表现。Zhang 等(2022)的研究基于 2013 年至 2017 年中国上市公司重污染行业 6 664 个公司的年度数据,探讨了 CEO 的军旅经历对两种类型的企业环境战略的影响:企业污染和环境创新。从印记理论的角度来看,他们发现具有军旅经历的高管与企业污染负相关,与企业环境创新正相关。Zhang 等(2021)探讨了 CEO 创业导向对企业社会责任活动(企业慈善与企业社会责任创新)选择的潜在影响。整合企业高层梯队理论和注意力导向理论发现,CEO 创业导向比企业慈善更能促进企业社会责任创新。他们还发现,CEO 创业导向对企业社会责任活动选择的影响在国有企业和新任/离职 CEO 两种情境下存在差异。

(3)CEO 的家乡认同。Ren 等(2022)的研究通过对 2009—2016 年中国上市公司的大样本分析,探讨了 CEO 的家乡认同对企业社会责任的影响。他们认为,总部设在 CEO 家乡的公司倾向于承担更多的社会责任。这是因为对家乡的认同激活了 CEO 的利他倾向,使他们更倾向于亲社会,并使他们更有可能拥有长期目标,这两者都与企业社会责任的本质相兼容。当公司与当地联系更紧密时,这种家乡认同效应更强,而当公司位于方言更多样化的地区时,这种家乡认同效应更弱。

(4)CEO 的情感视角。Wang 等(2022)探讨了 CEO 积极情感和消极情感对企业社会责任活动的影响。具体而言,他们认为 CEO 的积极情感能够正向预测企业社会责任,而 CEO 的消极情感则会负向预测企业社会责任。他们进一步探讨了 CEO 的社会资本在 CEO 情感与企业社会责任之间的调节作用。

(5)其他高管类型。Fu 等(2020)的研究探讨了首席可持续发展官(CSO)将如何影响企业的社会绩效。基于高层梯队理论和基于注意力的观点,他们的研究认为,虽然 CSO 有助于将管理注意力引导到公司的社会领域,但管理注意力更有可能被导向消极问题而不是积极问题。这种关系还取决于焦点公司的治理设计及其行业责任。

3.1.3 微观层面企业社会责任的个体驱动因素

自从 Aguinis 和 Glavas(2012)对 CSR 参与的个体驱动因素进行回顾以来,学者已经研究了各种新 CSR 驱动因素。个体驱动因素是指作为触发 CSR 参与的预测因素、动机,可以是被动的(即为什么个体认为他们必须参与 CSR,通常是不情愿的),也可以是主动的(即为什么个体选择参与企业社会责任,大多数是自愿的)。在对个体层面,CSR 驱动因素分析的核心是 CSR 有助于满足组织成员的各种类型的心理需求。根据公正的多重需求模型,CSR 参与源于反映特定需求的三类动机:工具性驱动因素(例如控制需求和自我服务需求)、关系驱动因素(例如归属需求以及基于社会和关系的担忧)和道德驱动因素(例如对有意义的存在和基于关怀的关注)。

1. 工具性动机

CSR 参与可能反映了个体的自我关注或自身利益。也就是说,企业社会责任参与可以由员工或高管的个人目标驱动(Aguilera 等,2007;Rupp 等,2011)。组织高层研究强调,权力和控制是能够捕获这种工具性动机的关键变量。权力追求动机是高管决定限制企业社会责任主动性在其内部的推广的原因组织。其他研究使用代理理论来探究 CEO 的权力动机和他们支持 CSR 行动和政策的决定之间的联系(Fabrizi 等,2014)。这些研究表明,权力较弱的 CEO 可能更支持 CSR。但在权力确立后,他们在是否会继续支持 CSR 这一问题上给出了相互矛盾的结果。对求职者的研究也强调了经济激励的作用和预期的积极对待作为支持 CSR 的工具性动机(Jones 等,2010)。

2. 关系动机

令人惊讶的是,很少有研究调查企业社会责任参与的关系驱动因素。我们只发现这些驱动的两个主要表达式。第一种反映了对社交网络的需求,这可能是由 CEO 嵌入当地社区进行操作。第二种反映了员工需要外部认可的需求。

根据 Grant（2012）的研究，外部认可是参与志愿活动的强大驱动力，有助于产生新的志愿者身份，以弥补社会不丰富的工作。人们关心企业社会责任，因为他们关心自己与团体、团体机构和团体权威之间的社会联系。

3. 道德动机

道德动机因素反映了人们基于关怀的关注，并寻求有意义的生存。CSR 可能满足个体更高层次的需求。与工具性动机和关系性动机因素相比，以往的研究对不同人群的道德驱动因素进行了更广泛的探索，这种状态可能反映了 CSR 的规范性质。道德动机是员工、经理和高管参与 CSR 的重要驱动力，这表明道德驱动力可能在多个层面发挥作用（Aguilera 等，2007）。此外，研究人员分析了 CSR 道德驱动因素的多个维度，如个体对环境的关注，对社会的关注或对慈善的态度。先前的研究强调了至关重要的 CEO 个人价值观，并详细说明了员工或高管价值观与组织价值观相匹配的重要性。其他研究侧重于特定社会价值观的作用，例如理想主义。尽管价值观对中层管理人员可能很重要，但很少有研究特别关注这一群体。此外，出现在高层管理者研究中的其他道德驱动因素包括道德推理能力、正直、利他和利己价值观等（Gond 等，2017）。

Boone 等（2022）基于神经科学的视角探讨 CEO 的社会价值观和激励环境如何相互作用来决定他们的 CSR 投资。基于对神经科学证据的回顾表明，CEO 社会价值观与神经激活的不同模式相关。对于具有利他价值观的 CEO 来说，他们的内在动机是投资于企业社会责任，而不管其背景如何。相反，具有利己价值观的 CEO 只有在受到金钱或社会激励的情况下，才会基于外部动机而投资于企业社会责任。

3.2　企业社会责任对员工行为影响机理研究

3.2.1　企业社会责任的概念和维度

自 20 世纪 70 年代起，大量的国外学者开始研究企业社会责任问题。企业社会责任是指企业在创造利润、对股东和员工承担法律责任的同时，还要承担对消费者、社区和环境的责任。企业的社会责任要求企业必须超越把利润作为唯一目标的传统理念，强调要在生产过程中对人的价值的关注，强调对环境、消费者、对社会的贡献。企业社会责任通过影响利益相关者的行为，来帮助企业创造共享价值，从而产生竞争优势。在广义 CSR 方面的研究中，对 CSR 的概念划分方式多种多样。但是，在微观层面的 CSR 研究中，通常有以下几种具有代表性的测量方式。

第一，按 CSR 的类型进行划分。Carroll（1979）提出的 CSR 四维度划分和金字塔模型得到了普遍认可。他认为，CSR 的概念和测量应包括经济、法律、伦理以及慈善四个维度的内容。其中，经济责任是基础，往上依次为法律责任、伦理责任和慈善责任。

第二，按照不同的利益相关者进行区分。Barnett（2007）从利益相关者视角将 CSR 定义为，企业自愿通过分配自己有限的资源来改善社会福祉，从而改善自己与利益相关者之间关系的行为。在此之后，基于利益相关者视角的 CSR 定义被学者广泛应用（Turker，2009）。Turker（2009）明确提出，CSR 是企业在经济利益之外为各个利益相关者（如员工、消费者、政府、社会和自然环境）带来积极效应的行为。El Akremi 等（2018）学者以不同利益相关者（即股东、员工、顾客、供应商、社区和环境）为导向开发了 CSR 的六维度量表，认为企业社会责任包括以社区为中心的 CSR、以自然环境为中心的 CSR、以员工为中心的 CSR、以供应商为中心的 CSR、以顾客为中心的 CSR 以及以股东为中心的 CSR 等六个方面。

第三，由于企业社会责任的接受者往往是企业内部或外部利益相关者，因此 CSR 研究者经常将其分为内部 CSR 和外部 CSR（Farooq 等，2014；Farooq 等，2017）。外部 CSR 是指专注于对当地社区、自然环境或消费者的管理的实践（El Akremi 等，2018）。以社区为中心的 CSR 可以包括支持人道主义事业、慈善捐赠、社区发展投资以及与非政府组织的合作。支持环境的 CSR 包括具有环保意识的投资、预防环境污染、关注自然环境的生态倡议以及关注子孙后代可持续发展的实践。以消费者为中心的 CSR 涉及企业对接受其服务或消费其产品的消费者的责任。该领域的 CSR 实践包括产品安全倡议和客户关怀计划。内部企业社会责任是指专注于管理内部员工的实践。学者将内部 CSR 的定义和内涵限制在正式的企业社会责任倡议中，员工可以参与其中并获得发展利益。这可能包括志愿服务机会或通过特殊举措提供职业发展机会的项目，如志愿项目和社区安全项目等（Farooq 等，2017）。它还可能包括组织以一种特别仁慈的方式对待员工，并对他们的具体需求和偏好表现出高度的敏感性（Turker，2009）。这样的行为将超出遵守分配公正、程序公正和互动公正的规则，也超出了在工作-生活平衡、健康实践或福利方面的文化预期。最后，内部 CSR 可能包括对员工职业和个人发展的关注。同样，这种关注将超越侧重于建立企业特定人力资本战略的人才管理计划，扩展到为员工提供自愿的机会来提高自己而不为公司提供特定的利益。

第四，从员工视角看来，由于员工对 CSR 的感知能够显著影响他们在工作场所的态度、行为和绩效,学者主要关注员工对 CSR 的感知。CSR 感知是指员工对企业社会责任行为和企业承担社会责任程度的感知(马苓等,2018)。由于员工的 CSR 感知能够对他们的态度和行为产生更强烈的影响,CSR 感知比 CSR 活动更为重要(Glavas 和 Kelley,2014)。基于这一观点,学者开发了员工感知的 CSR 量表(Vlachos 等,2014),包含社会责任和环境责任两个维度,共 8 个题项的 CSR 感知量表。

在实证研究中,企业慈善作为 CSR 的具体表现形式得到了学者的广泛关注。企业慈善捐赠是指企业对公益事业或活动给予资金及其他方面的支持,主要是希望社会能够得到回报,最终也使企业得到回报。当前,企业慈善主要通过捐款数额、设备捐赠、企业志愿服务等方面来进行测量。在中国情境下开展的实证研究则多采用慈善捐款来进行测量。如贾明和张喆(2010)以地震后是否捐款及捐款规模来衡量慈善行为。

3.2.2　企业社会责任对员工态度和行为的影响

以往对 CSR 的研究主要聚焦于宏观层面以分析 CSR 与企业绩效之间的关系,但尚未得出一致结论。从微观层面出发探究 CSR 对员工态度和行为的影响是理解 CSR 潜在收益和成本的一种新视角(Aguinis 和 Glavas,2012)。迄今为止,学者开始关注 CSR 与组织行为、HRM 方面的交叉研究,探讨 CSR 影响员工态度和行为的影响机制及边界条件(Gond 等,2017;Gond 和 Moser,2021)。本部分将从 CSR 对员工结果变量的影响以及相关的理论基础等方面来回顾 CSR 在微观层面的研究。

1. 企业社会责任对员工态度的影响

现有研究主要关注 CSR 对(潜在)员工积极态度的影响。对于潜在员工(即求职者)而言,现有研究主要探讨了 CSR 对求职者求职意愿和组织吸引力的影响(Rupp 等,2013;Jones 等,2014;张麟等,2017)。Zhao 等(2020)运用元分析方法回顾了 86 项研究,探讨了企业社会责任感知对员工态度和行为的影响。他们的研究表明,员工感知的 CSR 能够提高他们的组织承诺、工作满意度、组织公民行为等。

对于企业内部员工而言,现有研究主要表明 CSR 能够降低他们的离职倾向(Hansen 等,2011),提高员工的工作满意度(De Roeck 等,2014;Jones 等,2017)、组织承诺(El Akremi 等,2018)、组织认同(De Roeck 等,2016)和工作参与(Rupp 等,2018)。具体而言,学者通过对 181 位医护工作者展开调研得出以下结论:员工对内部 CSR 和外部 CSR 的感知均会对他们的工作满意度产生显著的积极影响(De Roeck 等,2014)。学者通过对一家国际公共事业公司的员工进行三阶段调研发现:员工感知的 CSR 与总体公正的一致性能够通过影响员工感知的外部声誉和组织自尊继而对他们的组织认同产生重要影响(De Roeck 等,2016)。Rupp 等(2018)通过对来自五个不同国家和地区(例如加拿大、中国、法国和新加坡)的 673 位员工进行调研,探讨了 CSR 对员工工作投入的影响。朱月乔和周祖城(2020)基于 40 家企业 329 份数据的跨层研究发现:企业承担社会责任能够提高员工幸福感。颜爱民等(2022)通过对来自两个时点的 331 份员工配对数据,对员工感知到的企业社会责任如何促进工作繁荣进行了实证分析。他们的研究结果表明:员工感知到的企业社会责任能够提高员工的工作繁荣。何洁等(2020)在新冠肺炎疫情爆发高峰期,通过对 895 名员工的问卷调查发现,企业社会责任通过影响疫情回应满意度能够有效提高员工韧性。

2. 企业社会责任对员工行为结果的影响

近几年来,一些学者开始探讨 CSR 对员工行为结果的影响。目前,这方面的研究主要关注员工积极的行为结果变量,包括工作绩效(刘俊等,2018)和角色内外 CSR 特定绩效(Vlachos 等,2014)、员工创新(Hur 等,2018;周念华等,2021)、组织公民行为(Ong 等,2018)以及组织公民行为的不同维度(Farooq 等,2017)等。

具体而言,学者通过三个研究探讨了 CSR 对员工角色内外 CSR 特定绩效和角色内工作绩效的影响(Vlachos 等,2014)。Hur 等(2018)通过对韩国 250 名酒店员工进行调研发现,员工感知的 CSR 能够显著提高他们的创造力。Ong 等(2018)开发了 CSR 敏感性理论框架。他们通过三项实地调研,探讨了 CSR 与任务重要性的交互效应对员工组织公民行为的影响。Farooq 等(2017)进行了两项研究来验证 CSR 对组织公民行为多个维度的影响(即人际帮助、个人勤奋及忠诚拥护)。在研究一中,他们对南亚 408 名员工进行调研发现,外部 CSR 三个维度中的两个(社区和消费者,但不包括环境)通过声望的中介机制对组织认同产生积极影响。在研究二中,他们对两个文化地区(法国和巴基斯坦)的 9 家企业 415 名员工进行调研发现,内部 CSR 和外部 CSR 能够通过不同的路径来影响多维度的组织公民行为。Archimi 等(2018)研究表明,员工对 CSR 四维度(经济、法律、道德和自由裁量权)的感知能显著减少他们的犬儒主义。

此外,国内学者也开始关注员工感知的 CSR 对他们工作行为的影响。例如,刘远和周祖城(2015)的研究表明,员工感知的 CSR 通过提升他们的情感承诺,进而对他们的组织公民行为产生影响。刘凤军等(2017)的研究表明,CSR 能够提高员工的组织公民行为。王娟等(2017)基于自我决定理论对员工感知的企业社会责任与反生产行为之间的关系进行了深入研究。他们通过对来自两阶段的 405 份员工调查问卷进行分析,结果表明:员工感知的企业社会责任与反生产行为显著负相关。具体而言,当员工感知到企业是一个对社会负责的组织时,能够满足他们的安全需求、尊重需求、归属需求和自我实现需求(Bauman 等,2012),继而减少因需求得不到满足而产生的反生产行为。同时,CSR 有助于增强员工的组织认同感、组织自尊和情感承诺,而这些均与反生产行为显著负相关(De Roeck 等,2014;刘远和周祖城,2015)。因此,当员工感知到企业履行社会责任时,会减少自身的反生产行为来维护组织带给他们的认同感和自尊感。

3.2.3　企业社会责任的理论视角

目前国内外学者对 CSR 与员工的态度和行为之间关系的研究主要从以下几个理论视角展开——社会认同理论、社会交换理论及其他理论,如表 3-1 所示。

表 3-1　个体层面 CSR 实证研究的主要理论视角

理论视角	代表性文献	中介变量	调节变量	结果变量
社会认同理论	Farooq 等(2014)	组织认同 组织信任		情感承诺
	张倩等(2015)	组织自豪感	利他归因 利己归因	组织认同
	李歌等(2016)	外部荣誉感	组织支持感	离职率
	DeRoeck 等(2016)	外部声望 自豪感	总体公正感知	组织认同
	Farooq 等(2017)	外部声望 内部尊重 组织认同	个人/集体主义 国际化/本土化	组织公民行为
	Edwards 等(2017)	情感承诺 组织自豪感		角色内绩效
	Scheidler 等(2019)	伪善感知 情绪耗竭		离职倾向
	Brieger 等(2019)	组织认同 工作意义	公共价值意识	工作成瘾行为
	Tian 等(2019)	组织认同	同理心	自愿环保行为

续表

理论视角	代表性文献	中介变量	调节变量	结果变量
社会交换理论	DeRoeck 和 Delobbe(2012)	组织信任	以自我为中心的 CSR 归因	组织认同
	Archimi 等(2018)	组织信任		犬儒主义
自我决定理论	王娟等(2017)	亲社会动机 内在动机	伦理型领导	反生产行为
	Rupp 等(2018)		CSR 相对自主性 个人主义	工作参与
心理契约理论	Rayton 等(2015)			情感承诺
情绪评估理论	Ng 等(2018)	组织自豪感 组织嵌入性		离职率

1. 社会认同理论

现有 CSR 研究主要根据社会认同理论探讨了 CSR 对员工工作结果方面的影响。社会认同理论提出,员工对他们自身群体成员身份的认识会影响他们随后的知觉、态度和社会行为(Gond 等,2017)。根据社会认同理论,当个体相信他们的组织具有良好的企业声誉和形象时,他们倾向于认同这样的组织,继而增强他们的自尊心和自豪感。为保持这种良好的自我价值感,个体愿意加入并留在这样的组织中。

尽管目前微观层面的 CSR 研究主要运用社会认同理论来解释 CSR 的影响,但只有少数几篇研究验证了组织认同是否能够作为 CSR 与员工结果变量之间的潜在机制(Gond 等,2017;De Roeck 和 Maon,2018)。例如,Farooq 等(2014)基于社会认同和社会交换理论,探讨了员工感知的 CSR(以社会、非社会利益相关者、客户和员工为导向的 CSR)会通过影响组织认同和组织信任来提升他们的情感承诺。根据这两个理论,学者探讨了 CSR 的多个维度(即程序公正,针对客户、社区、股东和环境的 CSR)如何通过影响员工的组织情感承诺和组织自豪感,继而影响他们的角色内绩效(Edwards 和 Kudret,2017)。

学者根据这两个理论探讨了 CSR 如何提高员工的组织认同和工作意义感继而引起他们的工作成瘾行为,从而揭示了 CSR 的"黑暗面"(Brieger,2019)。学者还从社会认同理论的视角探讨了员工感知的 CSR 通过影响外部声望和组织自豪感,继而对组织认同产生积极影响(De Roeck 等,2016)。

Farooq 等(2017)根据社会认同理论提出,外部 CSR 能够使员工感知到更高的外部声誉和组织认同继而增强员工的忠诚度,而关注员工福祉和利益的内部 CSR 则能够增强员工感知的内部尊重,继而提高员工人际帮助行为和个人勤奋发生的可能性。Scheidler 等(2019)根据社会和道德认同理论(将社会认同理论与道德自我理论相结合),探讨了不一致的 CSR 策略(偏向外部利益相关者而不是内部利益相关者的策略),能够使员工感知到企业伪善,继而造成员工的情绪耗竭和离职倾向。Tian 和 Robertson(2019)则根据组织认同理论和自我归类理论探讨了员工感知的 CSR 如何通过影响他们的组织认同,继而影响他们的自愿环保行为。

最近,也有一些国内学者开始从组织认同理论的视角探讨 CSR 如何影响员工的态度和行为。具体而言,张倩等人根据组织认同理论和归因理论探讨了 CSR 如何以及何时对员工的组织认同产生影响(张倩等,2015)。他们的研究表明,员工的组织自豪感在 CSR 与组织认同之间起中介效应。员工对 CSR 的归因能够调节 CSR 与员工组织自豪之间的关系。即 CSR 的利他归因水平增强了员工感知的 CSR 与员工的组织自豪之间的正向关系;而当 CSR 的利己归因水平较高时,员工感知的 CSR 与组织自豪之间的负向关系较强。也有国内学者从社会认同理论的视角出发,探讨了员工感知的 CSR 如何通过外部荣誉感,继而对他们的离职率产生了影响(李歌、颜爱民和徐婷,2016)。

2. 社会交换理论

社会认同理论解释了 CSR 如何通过群体成员动态来影响员工的态度和行为,但是这一理论并未整合社会交换关系中的互惠互利规范(De Roeck 和 Maon,2018)。不同于经济交换关系,社会交换关系通常是基于一种信任关系。信任是委托人对受托人可信赖程度的评估,特别是对受托人仁慈、正直等方面的评估。基于正义的社会交换理论认为,员工相信他们自身受组织对待的方式(例如,组织是否公正、仁慈以及诚信地对待他们自身)能够作为信任组织的信息,而这些信息能够使员工认为他们有义务回报组织,继而提高员工与组织之间的交换关系。由于 CSR 涉及有利于各利益相关群体的角色外企业活动,社会交换理论通常将 CSR 视为组织对员工交换关系的一种输入。CSR 有助于形成员工与企业之间的互惠规范,增强员工感知到的组织信任和组织支持,继而引发他们对 CSR 的积极反应(Gond 等,2017)。CSR 方面的研究也表明,CSR 能够通过员工对组织的信任进而影响他们不同的工作态度和行为,如组织公民行为和离职倾向等(Hansen 等,2011;Scheidle 等,2019)。这些研究主要受 CSR 文献中关系营销的影响,认为 CSR 活动标志着组织的道德属性(例如,诚信和慈善),继而影响员工对企业的信任程度(De Roeck 和 Maon,2018)。虽然这些研究提供了新的实证研究结果,但是它们仅仅隐含着社会交换理论的观点。

最近,学者开始从社会交换理论的动态过程来更清楚地诠释 CSR 如何影响员工的相关结果。例如,De Roeck 和 Delobbe(2012)对一家石油化工企业的 155 位员工进行调研发现:外部 CSR 活动(保护环境的措施)通过提高员工的组织信任继而增强他们的组织认同。Farooq 等(2014)则根据社会交换理论,探讨了员工感知的 CSR 通过影响他们的组织信任继而影响其特定的结果变量(组织承诺)。也有学者从社会交换的理论视角出发,探讨了组织信任在 CSR 与员工犬儒主义之间所起的中介效应(Archimi 等,2018)。

组织公正的多需求模型认为,个体对 CSR 的关注反映了他们普遍的公正观念(Gond 等,2017;Rupp 等,2011;Rupp 等,2006)。由于不公正行为违反了道德和伦理规范,员工会对这种行为做出反应。该模型暗示着员工不仅会对他们自身所受到的公平对待做出反应(即第一方公正),而且会对其他人所受到的公正对待做出反应(即第三方公正)。由于 CSR 与组织公正均是基于规范性对待的基本伦理假设,Rupp 等(2006)率先将宏观层面的 CSR 概念引入到微观层面的组织公正领域。Rupp 等(2011)进一步提出了"以员工为中心的组织公正与社会责任模型",认为员工会"向内看"(looking in)以判断企业是否公平地对待自己,"向周围看"(looking around)以判断企业是否公平地对待组织内的所有人,并且"向外看"(looking out)以判断企业是否公平地对待组织外部利益相关者,从而形成公平感知,最终影响员工的情绪、认知、态度和行为等。根据这一模型及道义论等其他理论视角,国内学者颜爱民等(2020)对 CSR 与组织公平感之间的关系进行了综述。有些实证研究基于该理论视角探究了 CSR 对员工工作结果的影响。例如,Rupp 等(2013)基于该理论视角提出,第一方分配公平和道德认同能够调节求职者对 CSR 的感知与工作追求意愿之间的关系,并且能够调节职员工感知的 CSR 与组织公民行为之间的关系。

3. 其他理论视角

目前,也有学者从其他理论视角探究员工对 CSR 做出反应的内在机制,如自我决定理论、心理契约理论和情绪评估理论。

(1)自我决定理论包括认知评价理论和有机整合理论(赵燕梅等,2016)。认知评价理论提出了人们普遍具有的几种基本心理需求:自主、能力和归属需求。这三种基本心理需求的满足能够使个体产生内部动机。有机整合理论提出,从去动机到内部动机在自主性维度上,是一个连续体。去动机代表了一种无意愿的状态,而内部动机代表了一种高度自主、自我决定的状态,外部动机则介于二者之间,是一种部分自主的控制状态。根据内化程度的不同,外部动机可以细分为以下几种类型:外部调节指个体表现出某种行为是为了获得奖励或避免惩罚;内摄调节,即个体吸收但并不完全接受外部规则,他们表现出某种行为是为了提升自尊等;认同调节,指个体感觉他们所从事的活动是重要的,并且认同活动的价值;整合调节指当个体将外部规则完全内化为自身的一部分,并通过他们的自我和其他活动表现出来。

根据自我决定理论,亲社会动机是一种内摄性、关注结果和未来导向的动机,而内在动机是一种自主性、关注过程和现在导向的动机(Grant,2008)。最近,学者开始从自我决定理论的视角探究员工对 CSR 做出反应的潜在机制(王娟等,2017)。他们基于自我决定理论,探讨了亲社会动机、内在动机在 CSR 与员工反生产行为之间的中介作用。

一方面,尽管外部 CSR 主要是针对外部利益相关者实施的志愿行为,与员工自身利益并不直接相关,但企业表现出的公平、信任和关怀等伦理特征,有助于构筑良好、公平的工作环境,提高员工对企业道德性的感知。根据自我决定理论,当员工感知到企业履行社会责任、重视外部利益相关者时,可通过情感认同和价值观的一致性,对他们的亲社会动机进行自主调节。因此,CSR 能够提高员工的亲社会动机。而亲社会动机能够减少员工的反生产行为。研究表明,被亲社会动机所激励的员工会更加积极地与周围的人建立良好的关系,为自己创造和谐的工作环境,继而提高员工的工作满意度、主观幸福感和组织公民行为等。由于具有亲社会动机的员工会更多地关注外部世界,重视他人的利益,会减少对组织或其成员利益造成损害的行为。因此,员工的 CSR 感知能够提高其亲社会动机,继而减少反生产行为。

另一方面,CSR 活动能够让员工感知到工作的意义,提升其内在动机,继而减少反生产行为。研究表明,CSR 对于满足员工的工作意义需求具有潜在作用,企业通过履行社会责任,使员工感受到他们作为企业的一员也在为社会做贡献,从而从工作中获得意义和价值,提高其内在动机。而员工的内在动机可以减少其反生产行为。根据自我决定理论,当员工受内在动机激励时,能够从完成工作的过程中获得满足感和乐趣,在工作上投入更多的时间和努力,提高工作效率和质量,继而减少反生产行为。

Rupp 等(2018)根据自我决定理论构建了 CSR 情境下的相对自主性模型。CSR 情境下相对自主性的范围从外部调节扩展到内部激励。具体而言,外部调节这种情境化动机可能源于严格的制度规定和惩罚威胁。例如,员工参与志愿服务项目是因为不参与该项目会给自己的绩效考核带来风险。内摄调节指参与

CSR 是为了避免内疚(或羞愧)以及改善自我形象。例如,"CSR 排行榜"会对参与 CSR 项目的企业进行跟踪和公开报道,这一排行榜会使企业迫于巨大的同行压力而参与 CSR。认同调节是指 CSR 情境的某些方面对个体来说很有价值。例如,CSR 为员工提供职业发展和成为领导者的机会等。最后,员工参与 CSR 的内在动机是指参与 CSR 活动本身就是奖励。例如,环境保护主义者通过参与企业的低碳环保项目以努力减缓气候的变化。

(2)心理契约理论在以往的研究中仅仅关注员工和组织之间的二元关系,而 Rayton 等(2015)通过对员工感知的内外部企业社会绩效的效应进行探讨,考虑了在企业社会绩效背景下除了组织和员工关系之外的第三方心理契约交换关系,提出了员工感知的内部和外部 CSR 水平均能够正向预测情感承诺,而员工对内部和外部 CSR 违规的感知则均能负向预测情感承诺,丰富了心理契约理论。

(3)情绪评估理论主要是从认知视角去理解影响员工情绪体验的因素。这一理论的核心观点认为,员工对事件的评估而不是事件本身影响着人们是否以及为何会产生某种情绪,这种认知评估导致的情绪变化最终会引发与这些情绪一致的态度和行为。Ng 等(2019)根据情绪评估理论,探讨了员工感知的 CSR 如何影响他们的离职率。他们提出,员工感知的 CSR 能够影响他们的情绪(组织自豪感),继而影响他们的工作态度(组织嵌入性),最终影响他们的工作行为(离职率)。颜爱民等(2022)基于工作繁荣的社会嵌入模型提出,员工感知到的企业社会责任能够提高他们的工作使命感,继而提高他们的工作繁荣。

3.2.4　企业社会责任的边界条件

目前学者对 CSR 边界条件的关注还相对较少。本研究将从以下三方面(个体因素、领导因素和组织因素)来探讨 CSR 影响员工态度和行为的调节变量。

1. 个体因素的调节效应

在 CSR 对员工态度和行为产生影响的调节变量方面,以往的研究主要关注个体差异对二者之间关系的影响。例如,CSR 与组织承诺之间的关系受性别差异的影响。特别地,外部 CSR 与员工承诺之间的关系对于女性来说比男性更强(Brammer 等,2007)。其他的个体差异也能够调节 CSR 对员工态度和行为的影响。例如,员工的交换意识形态(Jones,2010)、道德认同(Rupp 等,2013)、社会导向和文化导向(Farooq 等,2017)、感知的特定 CSR 相对自主权和个人主义(Rupp 等,2018)、公共价值意识(Brieger 等,2019)、同理心(Tian 和 Robertson,2019)和特定于 CSR 的相对自主权感知(Rupp 等,2018)。

　　具体而言,Jones(2010)的研究表明,个体的交换意识形态能够调节志愿者服务项目与员工的离职倾向、组织公民行为和角色内绩效之间的关系。Rupp等(2013)探讨了道德认同在 CSR 与员工的组织公民行为之间所起的调节作用。Farooq 等(2017)检验了员工的社会导向(即个人主义/集体主义)和文化导向(国际化/本土化)在 CSR 与员工的组织公民行为之间的调节效应。Rupp 等(2018)探讨了特定 CSR 的相对自主性(即员工遵从、倡导或参与 CSR 活动的情境化动机)与员工的个人主义如何在 CSR 与员工的工作投入之间起调节效应。Brieger 等(2019)的研究表明,公共价值意识不仅能够调节 CSR 与员工的组织认同、工作意义之间的积极关系,并且能够调节组织认同、工作意义在 CSR 与工作成瘾之间所起的间接效应。Tian 和 Robertson(2019)的研究表明,同理心可以调节感知的 CSR 与组织认同之间的关系,并且能够调节组织认同在员工感知的 CSR 与自愿的环保行为之间的中介效应。有学者提出,员工对第一方公正的总体感知能够调节外部声望和组织自豪感在 CSR 与组织认同之间的中介效应(De Roeck 等,2016)。

　　还有一些学者认为,员工对 CSR 的动机归因是影响 CSR 感知与员工反应之间关系的重要变量(张倩等,2015;De Roeck 和 Delobbe,2012)。De Roeck 和 Delobbe(2012)的研究表明,以自我为中心的 CSR 归因可以调节 CSR 与组织信任之间的关系。国内学者张倩、何姝霖和时小贺(2015)根据归因理论,分别探讨了 CSR 利己归因和利他归因对 CSR 与组织自豪之间关系的调节作用。

2. 组织因素的调节效应

　　相比于个体差异,学者较少关注领导因素如何影响 CSR 与员工态度和行为之间的关系,本研究将从以下几个方面进行综述:

　　在领导因素方面,现有的研究还相对较少,目前的研究主要关注伦理型领导和谦卑型领导如何调节 CSR 与员工结果变量之间的关系。

　　(1)伦理型领导。伦理型领导包括公平、正直、员工导向、权力分享、任务澄清、伦理指导和可持续性关注等 7 个维度。王娟等(2017)认为伦理型领导能够增强员工的 CSR 感知与两种动机(亲社会动机和内在动机)之间的关系。他们认为,伦理型领导能够增强 CSR 感知与亲社会动机之间的正向关系。一方面,伦理型领导能够公平地对待员工,尊重和支持员工的需求,合理地分配组织资源,能够使员工直接感受到企业会公平地对待自己(第一方公平);另一方面,伦理型领导推崇和奖励道德行为,关注环境的可持续发展,使员工感受到企业会公平地对待外部利益相关者(第三方公平)。因此,在伦理型领导水平较低的企业中,当员工感知到企业外部的 CSR 时,可能会怀疑企业实施 CSR 的动机,认为企业伪善,继而产生较低水平的亲社会动机;而在伦理型领导水平较高的企业中,当员工感知到企业外部的 CSR 时,会认为企业是出于利他动机、内外一致地履行社会责任,从而产生较高水平的亲社会动机。此外,伦理型领导能够增强 CSR 感知与内在动机之间的正向关系。根据自我决定理论,环境因素分为信息性、控制性与去动机性三种类型。伦理型领导推崇权力分享和开放式沟通,听取下属的意见,并鼓励下属参与决策,为下属提供了一种信息型的环境类型,能够增强下属的胜任感,继而增强 CSR 感知与内在动机之间的关系。同时,企业对外履行 CSR,对内采取伦理型领导类型,为员工提供了一种安全的外部环境,会增强其内部动机。

另外,他们根据个体–环境匹配理论提出,有亲社会动机的员工遇到较高水平的伦理型领导时,作为一种补充性匹配,能够增强员工感知到的价值观的一致性,从而进行整合调节,加强亲社会动机对反生产行为的削弱作用。当有内在动机的员工,遇到较高水平的伦理型领导时,此时作为一种互补性匹配,也能够增强内在动机对反生产行为的削弱作用。具有内在动机的员工享受工作本身的乐趣和挑战性,会较少地出现偷懒等生产偏差行为。而伦理型领导明确地向下属传达道德行为标准,为企业营造了一种伦理型的组织氛围,加强了对具有内在动机的员工的道德约束,从而使其减少不道德的反生产行为。

此外,De Roeck 和 Farooq(2018)提出,伦理型领导能够在员工感知的 CSR(即环境责任和社区责任)与员工的社会责任行为(绿色行为和社会行为)之间起调节效应。

(2)团队氛围因素。DeRoeck 等(2016)的研究表明,员工的企业社会责任感知与整体公正的交互作用,能够通过外部威望感知和组织自豪感的连续中介作用,进而预测组织认同。颜爱民等(2022)的研究探讨了信任氛围对于企业社会责任与工作使命感之间关系的调节作用。他们的研究表明,信任氛围越强,员工感知到的企业社会责任越影响工作使命感。

(3)人力资源管理因素。学者从工作设计的视角提出,任务重要性促使员工对 CSR 活动的社会影响更加敏感,从而激活了他们的亲社会动机,最终影响他们的组织公民行为(Ong 等,2018)。国内学者的研究表明,承诺型人力资源管理实践在 CSR 与情感承诺之间的关系中能够起到负向的跨层次调节效应(刘远和周祖城,2015)。研究指出,企业能力不仅能够影响 CSR 与员工的组织认同之间的关系,而且能够对 CSR 与员工创造力之间的关系产生重要影响(Brammer 等,2015)。

3.3　企业社会责任的研究评述

CSR 影响员工态度和行为的相关研究综述,如图 3-2 所示。通过对以上研究的回顾发现,现有研究主要存在以下几方面的不足:

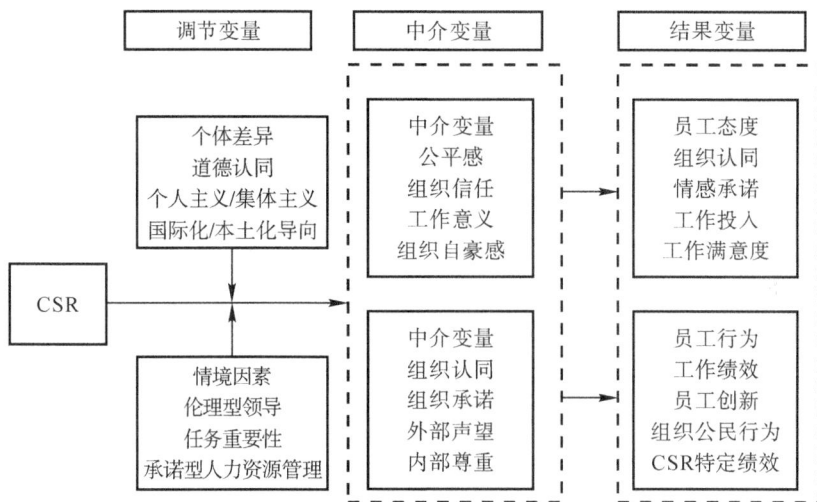

图 3-2　CSR 对员工态度和行为影响的研究综述

资料来源:根据相关文献整理

(1)以往研究主要探讨了宏观层面因素、CEO 特征和个体动机对企业社会责任的影响。本章节也揭示了 CSR 驱动因素在研究中存在的关键差距。首先,以往研究探讨了 CEO 的个体特征(人口统计学特征、领导特征和早期经历)对于企业社会责任的影响。最近,学者越来越关注从神经科学的视角探究 CEO 的认知神经学特征对于其采取 CSR 政策的影响。其次,对道德驱动的研究比其他工具或关系驱动的研究更加系统和平衡。尽管关系动机的多个方面(例如归属感、社会纽带和自尊)可能是工作场所 CSR 参与的驱动因素,但关系驱动因素相对被忽视了。再者,工具驱动因素和道德驱动因素的某些方面在不同的个体群体中以相当不平衡的方式进行了研究(例如,对权力的研究通常集中在高管层面)。未来研究还需要进一步探究工具性驱动因素如何影响不同类型的组织成员。例如,在不同研究层次上,权力和控制等动机可能以不同的方式运作(被动 vs. 主动)。最后,很少有研究采用多群体或多层次设计。因此,学者对 CSR 的驱动因素是否在不同层次、不同类别的个体中以相同的方式运作知之甚少。

（2）以往研究主要从功利性视角探究 CSR 对经济绩效的影响，但却忽视了对员工两种建言行为（促进性和抑制性建言）的影响。学者在探究 CSR 的结果变量时主要探究了成熟的组织行为（organizational behavior，OB）构念，聚焦于员工积极的态度性结果（例如，组织认同、工作满意度和情感承诺等）。验证 CSR 与这些态度性结果变量之间的关系能够有效地证明 CSR 与组织心理学、OB 的相关性，以解释 CSR 为什么重要。但是，与 CSR 相关的 OB 概念范围更广，这导致学者忽视了其他与 CSR 相关的 OB 结果，例如员工的促进性和抑制性建言（Gond 等，2017；Wang 等，2019；Gond 和 Moser，2019）。目前，学者也在呼吁探究 CSR 对员工新结果变量的影响（De Roeck 和 Maon，2018；马苓等，2018）。因此，探究 CSR 与员工建言行为之间的关系有助于学者更全面地理解 CSR 现象。

（3）目前学者尚未从组织伦理氛围的视角探究 CSR 与员工行为之间的潜在机制。微观层面 CSR 研究的理论基础主要涉及心理学、社会学方面的理论，其中，应用最广泛的就是社会认同理论（马苓等，2018）。学者呼吁未来研究可从新的理论视角（如组织氛围理论）出发探究 CSR 影响员工态度和行为的潜在作用机制，以拓展相关的理论基础（Gond 等，2017；马苓等，2018）。

（4）现有研究尚未从组织伦理氛围等理论机制来解释 CSR 如何影响员工两种建言行为。以往微观层面 CSR 研究主要基于社会认同理论和社会交换理论从单一作用机制展开，聚焦于检验组织认同或组织信任在 CSR 与员工态度和行为之间所起的中介作用，但是对 CSR 与员工建言行为间关系的多重潜在机制缺乏深入探讨（Gond 等，2017）。同时考虑多种机制不仅可以考察这些机制如何单独和共同解释 CSR 的影响，而且能够为 CSR 性质和意义的各种理论视角提供新见解（Zhao 等，2020）。学者也呼吁未来研究可以从新理论视角出发探究 CSR 影响员工的潜在作用机制，以拓展相关的理论基础（马苓等，2018）。

（5）目前对 CSR 边界条件的探究主要集中在个体差异方面，但较少考虑组织人力资源管理和领导类型等因素。在组织层面因素，现有研究主要考虑承诺型 HRM 实践，但尚未关注后疫情时代极其重要的社会责任型 HRM 的影响。在领导类型方面，现有研究主要探讨伦理型领导的边界条件，但尚未考虑其他领导类型对 CSR 与员工结果变量之间关系的影响（Gond 等，2017；Wang 等，2020）。这些问题的存在使学者们无法了解究竟在何种情况下 CSR 才能发挥应有的最佳影响效果，更难以全面地了解 CSR 的微观心理基础。因而，有必要在现有 CSR 的研究基础之上，同时从组织层面 HRM 因素和领导特征的视角来探讨其对 CSR 与员工建言之间关系的影响，进而帮助企业在后疫情时代改善社会福祉，从而实现经济和社会的高质量发展。

3.4　本章小结

(1)现有研究主要从宏观层面、中观层面和微观层面探讨了企业社会责任的驱动因素。从宏观层面来讲,现有研究主要从外部环境复杂性、制度压力、企业特征等角度探讨了企业采取社会责任策略的动因。从中观层面来讲,现有研究主要从CEO的人口统计学特征(性别、任期)、CEO特征(傲慢、自恋、贪婪、调节焦点)、个人经历(贫困经历、军旅经历、家乡认同、积极情感和消极情感)的视角探讨了其对于企业社会责任焦点的影响。从微观层面来说,现有研究主要从员工和高管的工具性动机、关系动机和道德动机的视角探讨了参与企业社会责任的前因。

(2)本章对企业社会责任在微观层面的研究进行了综述。通过文献回顾,了解到目前学者越来越关注企业社会责任对员工态度和行为的影响,并且发现了企业社会责任能够引发员工一系列积极的行为。

(3)现有研究主要基于社会认同理论、社会交换理论、组织公正理论等视角探讨了企业社会责任对员工态度和行为的影响。但是,组织行为领域还存在很多理论可以帮助解释企业社会责任的潜在作用机制。

(4)现有研究主要聚焦于个体差异的视角探讨企业社会责任在微观层面的边界条件,对于组织层面和团队层面边界条件的探讨还非常有限。

第四章 企业志愿服务研究

4.1 企业志愿服务的研究背景

4.1.1 现实背景

随着企业公民意识的不断强化,越来越多的企业开始履行企业社会责任。作为企业承担社会责任的一项重要形式,企业志愿服务也受到了管理学界和企业界越来越多的关注。随着国家层面对志愿服务活动的重视程度不断增加,各地区都在推动志愿服务活动的发展。特别是新冠疫情爆发以来,严重威胁着人类的身心健康和生命安全。作为一种强推动力,新冠疫情倒逼着企业跳出舒适圈,开始自上而下地去思考如何实施企业社会责任以实现企业的可持续发展。企业志愿服务活动是企业向弱势群体表达关怀和同情的重要渠道,在"抗疫""防疫"过程中发挥了重要的作用。

在国内,越来越多的企业也逐步加入到了开展员工志愿服务的行列。例如,万科公司在汶川地震后,开展名为"遵道"的员工志愿服务活动,号召企业内部员工积极参与四川地区的灾后重建工作。联想集团发起命名为"进取班"的员工志愿活动,鼓励员工通过直接交流帮助贫困地区学生,以激发其进取精神。中国平安持续 10 余年开展的希望小学支教行动中,累计 4 800 多名志愿者参与了支教活动,受助学生达 10 余万人,取得了良好的社会效益。在疫情期间,顺丰企业对 25 名在疫情期间彰显担当的优秀员工予以火线提拔。其中,"生命摆渡人"——汪勇更是连升 3 级,树起了重视个人社会责任感的选人用人风向标。这些员工志愿服务活动涉及教育、医疗、社区服务等众多领域,在社会上产生了广泛的积极影响,不仅为相关企业赢得了良好声誉,也得到企业员工的积极响应(张麟等,2015)。

在全球范围内,企业志愿服务也是一个越来越重要的话题。世界 500 强企业中有超过 90% 的企业正在开展员工志愿服务项目。企业志愿服务作为企业鼓励或支持的员工参与的无偿性服务行为,能够使员工在提供服务过程中提升各项能力(刘芳等,2018)。通过实施"志愿者爱心教育工程",英特尔的员工将他们的时间和才华贡献于志愿服务团体。阿里巴巴通过实施"公益3小时"项目,要求每位员工每年都要完成3小时的公益志愿服务,这成为阿里人工作以外的KPI(关键绩效指标)。国家电网在帮助弱势群体方面做出了很多努力,通过志愿服务项目积极开展助困、助老、助残等公益项目,重点开展了资助农民工子弟为主的春苗培育行动、支持弱势群体的温暖万家行动、社区服务行动以及同舟共进行动等。报告显示,新生代员工在评估雇主时非常重视企业提供的志愿服务的机会(Rodell等,2016)。

企业开展志愿服务活动不仅能够提升员工的工作能力和合作意识,而且能够提升企业形象和企业口碑,使企业获得更多的认同和支持,帮助企业实现高质量发展,进而促进中国式现代化建设(刘芳等,2018)。

4.1.2　理论背景

为了应对实践中对志愿服务的日益关注,对员工志愿服务的研究也显著增加,特别是在管理和心理学领域。这项工作在很大程度上证明了员工志愿服务对员工和公司都是有益的。它为员工提供了一个发展技能、提高士气和最终绩效的机会,并能够吸引和保留企业员工(Grant,2012)。迄今为止,关于志愿服务的有限研究主要探讨了志愿服务的前因及其在个体层面上对志愿者的影响(Booth等,2009;Jones,2010)。除了这一主题在研究和实践中越来越受欢迎之外,还有一些其他原因需要对这一文献进行综合分析和讨论。首先,关于员工志愿服务的构念在定义和操作上缺乏共识。其次,员工志愿服务的研究目前处于多学科、碎片化状态,目前主要分布在组织行为学、心理学、市场影响、公司治理和非营利组织管理等几个领域(Rodell等,2016)。在本章中,我们通过回顾企业志愿服务的构念、前因和后果以及未来的研究方向,从而更好地服务于这一研究的发展。

4.2　企业志愿服务的相关研究

4.2.1　企业志愿服务的构念

关于志愿服务的研究采用了各种不同的定义和测量方法。例如,采用社会心理学家的观点,Wilson(2000)将志愿服务定义为任何自由给予时间以造福他人、群体或组织的活动。而 Penner(2002)将志愿服务定义为长期、有计划、有利于陌生人的、在组织环境中发生的行为。在组织研究领域,员工志愿活动是指员工主动参与和持续参与志愿活动的程度(Grant,2012)。也有学者将其定义为在计划活动中为志愿者团体提供时间或技能(Rodell,2013)。

志愿服务是指一种长期的、有计划的亲社会活动,它通常发生在组织环境下,并且能够使他人受益。一般而言,志愿服务具备以下基本特征:

(1)通常是一种相对长期的行为。

(2)是一种有计划的活动,而非突发行为。

(3)是一种非义务的帮助行为。

(4)发生在组织环境之内。基于上述定义,在现实生活中,大部分的志愿服务出现在企业组织背景之中,即这些志愿服务的发起与实施,均与企业组织存在着紧密联系。由此,学者将员工志愿服务界定为一种由企业发起或鼓励员工参与,并最终由企业员工加以实施,目的旨在帮助他人的一系列活动(张麟等,2015)。

根据志愿服务内容与企业组织战略之间关系的差异,也有学者进一步把员工志愿服务区分为两种不同的形式:

(1)组织间志愿服务,这类志愿服务是组织所支持的,但其目的与本企业的战略并不相关;

(2)组织内部志愿服务,这类志愿服务是企业主动开展的,并有利于企业获得利益,实现其战略意图。

综上可见,员工志愿服务的内涵覆盖较广,它既包含企业直接发起的志愿服务,也包含企业支持、员工发起并参与的志愿服务。本研究认为,与一般的志愿服务相比较,员工志愿服务更加显著地突出了"企业支持"和"员工参与"这两个要素。前者突出了企业在这类志愿服务活动中的作用,后者强调了这类志愿服务活动参与人员的企业员工身份。

与关注员工志愿服务影响因素方面的研究相比,探讨员工志愿服务影响结果的研究相对较少。现有研究显示,员工志愿服务会对组织以及参与志愿服务的员工产生积极的影响。

4.2.2　企业志愿服务的前因

影响员工参与企业志愿服务决策的因素有很多。在工作环境中特有的员工志愿服务前因包括个体差异、组织情境的各个方面以及组织层面关于志愿服务的政策等。

1. 个体差异

（1）个体特征。最常被研究的员工志愿服务的人口统计学前因是年龄、性别和教育程度。除了人口特征，性格特征也吸引了志愿者服务研究者的大量关注。其中，激励员工参与志愿服务的一个重要的个体特征是亲社会人格。研究结果表明，亲社会人格和他人导向对志愿服务活动的强度和持久性具有重要的预测作用（Finkelstein，2009）。学者还将大五人格模型应用到志愿服务的研究中，特别是，宜人性和外向性与志愿服务的方向密切相关（Carlo 等，2005）。

（2）志愿服务动机。在所有关于员工志愿服务前因的研究中，大多数都集中在志愿服务的动机上。从管理员工的角度来看，动机对于公司招聘和管理员工志愿活动可能更有用。定性和定量调查发现，志愿者通常受到不止一种动机的驱动，这表明工作中存在复杂的动机机制（Pajo 和 Lee，2011）。学者最常采用的是功能主义方法，表明志愿服务能够为个体提供某种功能，这激发了员工的志愿服务行为。从广义上来讲，志愿服务的功能视角区分了自我导向动机和他人导向动机。自我导向动机关注对于志愿者的各种潜在结果，如增强他们的自尊，帮助他们获得新知识和技能。他人导向动机与受惠者的福祉相关（Rodell 等，2016）。此外，自我导向型动机可能在员工的工作环境中更有意义。Peloza 等（2009）发现，自我导向型动机（即职业发展、社会互动和学习的结合）增加了企业志愿服务活动的强度，但降低了个人志愿服务活动的强度。企业志愿活动可能有独特的动机。Peloza 等（2009）研究表明，员工愿意做志愿服务是因为他们相信这将有利于他们的企业。此外，员工做志愿服务可能是为了给领导留下好印象，并在工作场所树立良好的形象。

（3）少数研究调查了志愿者的角色认同和意义感如何影响志愿服务行为。研究表明，强烈的志愿者认同能够预测志愿服务活动的强度和持久性（Grube 和 Piliavin，2000）。Rodell（2013）的研究发现，亲社会身份越高的员工，其参与志愿活动的频率越高。工作意义感和志愿服务意义感也能够预测员工志愿服务行为。

在上述关于志愿者人格、动机和身份的研究中，可以确定几个共同的主题。特别是，对志愿服务的个体前因的研究主要集中在三个共同的主题上：他人导向、社会方面和自我导向。首先，无论是作为一种亲社会人格、亲社会身份，还是亲社会动机，改善他人福祉是志愿服务活动的共同驱动力。其次，志愿活动在很大程度上也受到社会因素的驱动，包括性格外向性（Carlo 等，2005）和感知到的道德义务。最后，自我导向动机的考虑，如职业发展和印象管理（Peloza 和 Hassay,2006)也会影响志愿服务活动。

2. 组织情境因素

除了个人因素外,员工志愿服务活动还可能受到工作场所特征的影响。工作类型、工作场所规范以及同事的行为等因素可能与员工的志愿服务活动有关。现有关于员工志愿服务的研究所包含的工作场所特征主要属于两大类:工作设计和工作环境。

(1)工作设计。基于工作特征模型,关于个人的工作设计究竟如何影响员工的志愿活动有截然不同的观点。一方面,员工认为他们的工作是有趣和具有挑战性的,可能会感激组织提供了一个理想的工作,并可能通过企业志愿服务作为回报(Slattery 等,2010)。另一方面,Grant(2012)则采取了不同的理论视角。他从理论上认为参与志愿活动可能是由补偿动机驱动的,如当员工认为自己的工作缺乏意义时,他们会通过从志愿活动中获得意义来进行补偿。Rodell(2013)的实证研究结果为这两种观点提供了支持。即从事高工作意义的员工会被激励去做志愿服务,而从事低意义工作的员工则试图通过志愿服务经历来弥补工作意义的不足。此外,Pajo 和 Lee(2011)还讨论了员工自愿工作的动机,这是他们从日常工作和责任中偶尔转移注意力的一种工具。此外,不同职业和专业群体的志愿服务差异也被认为是由于不同的工作特征和规范所引起的。

VanSchie 等(2019)通过整合志愿工作设计和自我决定理论,提出企业志愿服务项目丰富性(企业志愿服务意义感和在企业志愿服务项目中获得社区经历的机会)、组织实践和有针对性的志愿服务项目能够激励员工反复参与志愿服务,继而影响志愿者的身份内化。他们的结果还表明,员工在志愿活动中体验到的动机质量比重复参与发挥着更为重要的作用,因为它阐明了志愿服务项目质量、组织对企业志愿服务的支持以及志愿服务项目原因等因素如何影响志愿者身份的内化过程。特别地,如果员工可以选择参与的项目,并且认为自己参与的项目是有意义的,他们更有可能内在化志愿者身份。令人惊讶的是,他们还发现,有声望的志愿服务项目以及认可和管理支持会为员工培养一种可控的激励形式,从而不太可能使员工将志愿者身份内在化。

(2)工作环境。工作环境因素也会影响员工的志愿服务活动,包括工作时间表、薪酬时间表和工作不确定性。这些因素影响着员工的时间和财务自主权,这对于员工参加志愿服务活动至关重要。相对于常规的白班工作,选择远程工作增加了志愿服务的可能性。相比之下,轮班制似乎并没有增加志愿服务,这可能是由于不断变化的工作时间减少了长期规划的机会。此外,DeVoe 和 Pfeffer

(2007)探讨了工作报酬和志愿服务之间的关系。与拿薪水的同事相比,按小时计酬的员工做志愿者的可能性更小,花在志愿者服务活动上的时间也更少。志愿服务的前因也包含个体对工作不确定性的看法。Pavlova 和 Silbereisen(2014)探讨了职业生涯不同阶段应对职业不确定性对于志愿服务的影响。通过两项实地研究,他们发现,在职业生涯早期阶段积极专注于应对职业不确定性的员工更有可能成为志愿服务者。然而,应对不确定性的方法与职业生涯后期的志愿服务无关。

3. 组织层面因素

组织层面的因素也能够影响员工的志愿服务。报告显示,当今商业世界的大多数公司都参与或组织员工志愿服务活动。企业参与志愿服务的主要方法是制订组织员工志愿服务计划。事实上,至少60%的公司都有正式的员工志愿服务计划。Rodell 等(2017)的研究表明,企业在志愿服务方面投入的资源越多,员工越关心和相信志愿服务事业,员工就越有可能感受到较高水平的企业志愿服务氛围。

少数学者专门研究了这些员工志愿服务项目。在某些情况下,研究侧重于正式化的企业志愿服务,其范围可以从发起和协调志愿服务机会到支持员工驱动的志愿服务举措。学者也探究了企业志愿服务的各种特征,例如为志愿服务提供的时间激励,认可员工志愿服务,并向慈善机构捐款或报销员工志愿服务的费用。Basil 等(2011)基于组织生态学和组织阶段理论,探讨了企业规模与员工志愿服务支持之间的关系。他们的研究表明,大公司比小公司对员工志愿服务的支持表现出更大的正式化和法制化。同样,大公司比小公司更有策略地运用员工的志愿服务。这些结果反过来影响志愿服务的性质。来自990家加拿大企业的调查数据表明,大公司比小公司以更正式和更有战略意义的方式支持员工志愿服务。这种行为包括制定正式的政策和计划。此外,大公司更有可能将其他形式的慈善支持与员工志愿服务联系起来。

尽管可以考虑的企业特征范围很广,但它们似乎可以分为四个主要类别:基于时间的支持、基于财务或后勤的支持、雇主认可和志愿服务机会宣传。首先,研究中最常探讨的是对志愿服务活动基于时间的支持。Booth 等(2009)研究表明,雇主支持的志愿服务与员工志愿服务工作时间呈正相关。志愿服务工作时间能够预测员工对技能获得的感知,而这种感知与工作成功和雇主认可呈正相关。总体来说,基于时间的支持通常包括为员工提供带薪假期以帮助他们做志愿者或者允许员工调整他们的工作时间表来适应志愿活动。报告显示,50%到

80％的公司提供休假时间或允许员工在工作时间做志愿者。此外，大约80％的公司为员工提供灵活的工作时间，以适应他们的志愿服务活动。其次，基于财务和后勤支持，这是指公司为支持员工志愿服务而捐赠的货币和实物资产，包括允许员工使用公司设施、设备或交通工具，为志愿工作捐赠物品，向慈善机构捐款，或为员工志愿工作提供财务支持等（Rodell 等，2017）。再者，雇主认可对员工志愿服务的作用。公司认可可以采取奖励、接待、午餐、感谢信、表彰、新闻通讯或报纸文章等形式。报告显示，超过一半的企业采取的志愿服务项目试图认可和奖励员工志愿服务。最后，公司对员工志愿服务机会的宣传有不同的理念和方法。他们可以选择采取被动的方法或主动的方式向员工宣传这些信息。

4.2.3　企业志愿服务的后果

虽然上面讨论的研究提供了关于员工志愿服务项目性质和结构的有价值的信息，但只有少数研究探讨了企业志愿服务对工作场所结果的影响。在管理领域之外的志愿服务研究证明了与志愿服务行为相关的各种结果。例如，志愿者倾向于报告更高水平的自尊、生活满意度以及更好的身体健康和较低的抑郁水平。在工作场所内，员工志愿活动可能会有许多独特的结果，如对工作绩效、员工留任和公司声誉的影响。

1. 企业志愿服务对组织层面结果变量的影响

在组织层面，员工志愿服务的开展会对企业以及相关的非政府组织（NGO）同时产生影响。由于企业在组织志愿服务方面缺少经验，所以很多企业的志愿服务都是与非政府组织合作进行的。在这类志愿服务中，企业员工与非政府组织成员相互合作，共同完成志愿服务项目，同时企业为参与志愿服务的员工及整个志愿服务项目提供支持。研究表明，员工志愿服务会对参与企业产生重要影响。由于员工志愿服务对于企业产生的影响难以量化，因而大多数研究都采用了事后调研的思路来探究这一问题。总体而言，这些研究都表明员工志愿服务会给企业带来积极的影响。

刘芳等（2018）基于162家企业样本数据分析表明，企业志愿服务对企业包容性创新具有正向影响，并且揭示了认知性企业社会资本和吸收能力在二者之间的中介作用。Knox（2020）从373家企业可持续发展报告中手工收集了1 428个公司年的独特样本。他们的研究发现，在当期使用员工志愿者计划的公司比在当期不使用员工志愿者计划的公司在未来有更高的员工生产力。他们还发现，将CEO的注意力集中在公司长期业绩上的激励措施与更广泛的员工志愿者计划之间存在正相关关系。

2. 企业志愿服务对员工结果的影响

(1)志愿服务对员工能力的影响。诸多研究表明，员工参与志愿服务有助于他们在强化原先掌握的工作技能的同时获得新的技能。当员工参与到志愿服务活动之中时，他们会被分配去完成各种不同的任务。员工投入到志愿服务的时间越多，需要完成的任务就越多、越复杂，而在完成不同志愿服务任务的过程中，员工会获得新的技能。这些技能可能会涉及与社区沟通的能力、筹款的能力、统筹规划等能力。此外，对于社区事务的参与也往往会让员工能够更好地理解顾客。

(2)志愿服务对员工工作态度的影响。员工志愿服务与他们个人的需求满足和总体幸福感密切相关。有证据表明，员工可以通过志愿服务来满足各种个性化需求。员工志愿服务也为他们提供了一个与他人联系和体验归属感的机会。此外，有证据表明，员工从他们的志愿者经历中获得了一种意义感(Rodell等，2016)。员工志愿服务在很大程度上也有利于员工的福祉。Mojza 等(2011)在一项为期两周的日记研究中发现，志愿活动通过让员工从心理上脱离工作，为员工提供了一种恢复形式。他们还证明，通过满足员工的需求，志愿服务改善员工的情绪状态，让他们在第二天的工作中体现出更多的积极影响和更少的消极影响。同样，Paco 和 Nave(2013)发现，对企业志愿服务的满意度与志愿者更大的幸福感相关。

(3)志愿服务对员工工作行为的影响。除了志愿服务的个人奖励外，员工还可以从改善重要的工作行为方面获益，即工作绩效和员工保留率。虽然只有少数研究探讨了员工志愿服务的绩效影响，但结果在很大程度上支持了这种关系。特别是，企业和个人的员工志愿服务能够增加核心任务绩效和组织公民行为，并减少员工的反生产行为(Jones，2010)。Rodell(2013)的研究表明，志愿服务能够提高员工的工作专注，从而产生更好的工作绩效。

另一些学者从心理资源的角度来研究员工志愿服务的影响，其基本逻辑是员工参与志愿服务可以获得更多的心理资源，进而使员工更加投入其本职工作。研究表明，非工作性的活动能帮助员工获取"注意力"和"精力"等心理资源。对员工而言，参与员工志愿服务就是一种"非工作性的活动"，员工可以在参与的过程中恢复、获取这些心理资源，进而对工作更加投入。

然而，员工对组织层面的企业志愿活动的反应还非常匮乏。最近的研究通过引入企业志愿环境，将志愿服务的概念扩展到组织层面，将其定义为员工通过公司志愿项目对员工志愿服务的程度的共同看法,以探究企业志愿服务在工作场所更广泛、更系统层面的影响(Rodell 等,2017)。Rodell 等(2017)探讨了企业志愿氛围对志愿者和非志愿者的潜在影响,包括工作场所员工的情感承诺和非工作场所员工的社区志愿服务意愿。

Zhang 等(2021)结合个体-环境匹配理论和资源保存理论来探究企业志愿服务氛围对员工工作场所内外行为的"双刃剑"效应。通过对 42 家企业 283 名员工开展的两阶段滞后调研,他们的结果表明:企业志愿服务氛围在提升员工工作投入的同时也会引发他们的工作-家庭冲突。员工的积极情绪在企业志愿服务氛围与员工工作投入之间起中介作用,而感知的角色超载则在企业志愿服务氛围与工作-家庭冲突之间起中介作用。员工的社区导向强化了企业志愿氛围与积极情绪之间的正向关系,而竞争导向则加强了企业志愿氛围与角色超载之间的正向关系。本研究提供了一种平衡的视角,以帮助学者理解企业志愿服务氛围在工作场所内外的收益和成本。此研究的创新点主要体现在以下 3 个方面:

第一,现有研究主要关注个体志愿者行为,但目前学者对企业志愿服务氛围的影响效应仍知之甚少。本研究通过采用平衡的视角,率先将组织层面企业志愿服务氛围与员工的积极和消极结果(工作投入和工作-家庭冲突)联系起来,挑战了企业志愿服务氛围普遍积极的共识,增强了学者对特定类型 CSR"阴暗面"的理解,有助于弥合 CSR 宏观与微观层面之间的研究差距,扩展了学者对企业志愿服务氛围极为有限的理解。

第二,本研究通过揭示资源生成和资源消耗过程来探讨组织层面企业志愿服务氛围影响个体层面员工工作场所内外行为的不同路径,从而为资源保存理论做出了贡献。以往研究主要强调人们在个体层面如何保护和获取资源,但却忽视了组织和更广泛的环境如何影响个体资源。本研究通过将资源保存理论拓展到企业志愿服务领域,促进了学者对企业志愿服务氛围风险和回报的全面理解,从而丰富了资源保存理论的范围。同时,本研究证实了积极情绪和角色超载是企业志愿服务氛围影响员工工作场所内外行为的不同路径,响应了学者对同时进行资源生成和资源消耗过程建模的呼吁,拓展了资源保存理论的范围。

第三,本研究通过整合资源保存理论和个体-环境匹配理论以阐明企业志愿服务氛围触发资源生成和资源消耗过程的边界条件,从而影响员工的积极结果(工作投入)和消极结果(工作-家庭冲突)。以往研究主要聚焦于企业志愿服务氛围对员工结果变量的中介机制研究,但却对边界条件的关注极其有限。本研究通过将个体-组织匹配理论引入到企业志愿服务领域,将个体的社区导向和竞争导向作为企业志愿服务氛围产生不同影响的关键边界条件,从而扩展了个体-环境匹配理论的范围。

本研究成果的科学价值:企业志愿服务实践在全球普遍存在,特别是当遇到诸如新冠疫情危机等突发事件时,志愿服务的重要性更加凸显。对很多企业来说,实施志愿服务战略仍然是一项持续的挑战。本研究通过探究企业志愿服务氛围对员工工作投入的赋能效益和对家庭-工作冲突的触发效应,揭示了其"喜忧参半"的结果。此研究可以就完善企业实施志愿服务项目时应考虑的问题提供一些指导。

第一,企业并不需要所有的员工都参加志愿活动,只要培养这种氛围就能获得志愿服务活动的好处。为了培养这种氛围,管理者应该制订符合员工价值观和兴趣的志愿活动计划,并实施各种措施来鼓励员工参与志愿服务。例如管理者应该在招聘和选拔时优先考虑与组织价值观相匹配的员工,并在绩效考核、升职加薪中认可和奖励志愿服务行为。

第二,管理者应通过各种方式(例如,企业论坛、内部报告和培训等方式)向员工传达有关企业志愿服务活动的信息,从而让员工感受到企业对志愿者的认可。比如,惠普、微软等互联网企业都建设有专门的志愿者网络平台,使志愿者能够通过文字、图片和视频等方式与企业内的其他人进行志愿者服务体验分享。《中国企业志愿服务发展报告(2021—2022)》指出,目前网络和微信是最好的志愿活动传播途径,经由朋友推荐也逐渐成为获取志愿服务信息的重要方式。

第三,为员工创造与志愿服务项目的受惠人联系的机会,帮助员工了解企业志愿服务如何改善了受惠人的生活也是一种非常有用的方式。最后,管理者需警惕企业志愿服务氛围对员工在非工作领域行为所造成的潜在风险。需要澄清的是,学者并不是建议管理者避免在工作场所中营造企业志愿者氛围,相反,他们建议管理者必须认识到企业志愿服务氛围给员工所造成的工作-家庭冲突风险。在企业营造志愿服务氛围的过程中,应更好地制定相应的方案以监测员工感知的角色过载,并制定有效的缓解战略以降低他们产生工作与家庭冲突的可能性。具体而言,公司应采取有针对性的压力管理措施(例如,为员工提供心理援助和正念冥想练习),以及系统性的措施(例如,灵活的工作时间、家庭友好型的远程办公)。同时,公司应避免强迫员工参加志愿活动的现象,鼓励员工向配偶和家庭传递志愿服务活动的意义和价值,并为参与志愿服务的员工家庭提供必要的帮助和支持。例如,开展"小手拉大手"等"志愿家庭"行动计划,动员大家以家庭为单位参与到企业志愿服务中来,能够有效化解志愿服务项目对员工家庭-工作冲突的负面影响。本研究能够帮助企业在后疫情时代更好地实现改善社会福祉的积极作用,从而实现经济效益和社会效益的"双赢"。

4.2.4 同事对志愿服务的反应

以往学者也探讨了同事如何评价其他同事的志愿服务行为。Rodell 和 Lynch(2016)基于声誉视角从个体知觉和归因理论出发对同事如何看待其他同事的志愿服务行为进行了探讨。通过采用实地研究和实验研究,结果表明:当同事将员工的志愿活动归因于内部动机时,他们会给予志愿者荣誉,继而提供支持性反应;而当同事将其归因于印象管理动机时,他们会对员工的志愿服务活动进行污名化。Gill 等(2023)的研究探讨了现有员工志愿者如何影响其同事内化志愿者身份的过程。他们的研究产生了一个具体说明同事如何将现有志愿者视为道德榜样的理论模型。他们认为五种形式的社会影响(鼓励、唤起、启迪、制定和示范)往往会在不知不觉中从这些榜样中体现出来。这些形式的社会影响为同事的道德认同的微观过程提供了信息,从而使他们获得志愿者身份。

4.3　企业志愿服务的研究评述

本研究的相关研究回顾如图 4-1 所示。鉴于企业志愿服务是一个相对较新的研究领域,未来有相当多的途径可供学者进行探索。这些方向的研究不仅可以拓展学者对企业志愿服务的理解,而且还可以为公司采用和管理员工志愿服务项目提供重要信息。未来研究可以在以下方面进行探讨。

第一,解决现有研究结果之间不一致的问题。现有关于志愿服务的研究主要集中在参与志愿服务机会的个体和与工作相关的前因和结果方面,并产生了有价值的见解。然而,令人惊讶的是,研究结果几乎没有得出一致性结论。例如,哪些动机推动了企业志愿服务参与,志愿服务活动在多大程度上影响了员工对企业的承诺。有学者认为,这些研究结果的差异可能是由于员工志愿服务的概念(员工、企业和个人志愿服务)和测量方面(方向、强度或持久性)的差异(Rodell 等,2016)。学者在未来可以对这些问题做出更进一步的分析。同时,学者可以通过在未来的研究中采用更严格的设计和分析来加强因果推断。

第二,探究企业层面志愿服务对组织结果的影响。尽管学者已经探究了企业志愿服务项目的不同方面和设计,但对于如何最好地整合这些信息以供未来研究和实践参考几乎没有达成共识。学者可以应用现有的组织行为学框架来对企业志愿服务计划的各个方面进行分类和理论化。采用这样的框架可以为学者更深入地探索企业志愿者项目对公司和员工的影响提供理论基础。在研究回顾中发现,只有少数研究将企业志愿服务项目的各个方面与员工志愿服务水平和企业承诺联系起来。但是,仍存在很多未解之谜。例如,企业志愿服务的各个方面会影响员工志愿服务的方向、强度和持久性吗?是否存在一个志愿服务"临界点",超过这个临界点企业志愿服务的特征就会被认为是强大的规范压力导致员工反抗和抵制志愿服务?除了志愿服务行为之外,"更强"的企业志愿服务项目也可能会影响员工的工作场所内外的态度和行为。例如,企业志愿者项目是否能提高员工的敬业度、士气?它会阻止潜在员工(比如,内向性格的员工)加入这家公司吗?未来的研究还可以探究志愿服务氛围的概念。一旦以汇聚的方式将员工个体层面的志愿服务聚集到组织层面,未来研究还可以检验企业志愿服务活动的组织结果,如财务和社会绩效及组织声誉。

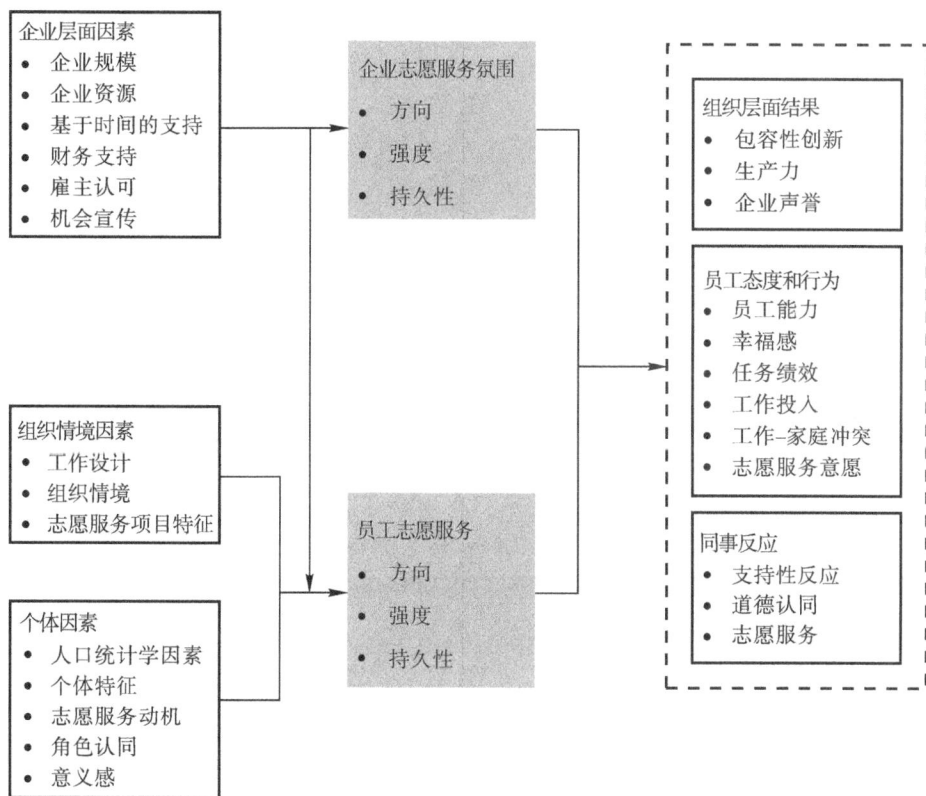

图 4-1　企业志愿服务的前因和后果研究回顾

第三,探究企业志愿服务对员工的"逆火"效应。虽然现有研究表明,志愿服务活动对个人具有压倒性的积极影响,然而,除了少数例外,目前研究极少考虑志愿服务活动的潜在风险。仅有 Gatignon‐Turnau 和 Mignonac(2015)的研究发现,当员工将企业对志愿服务的支持归因于公关动机时,企业对志愿服务的支持与员工组织承诺之间的正相关关系就消失了。未来的研究可能得益于对企业志愿服务的潜在风险及边界条件进行更深入的研究。例如,员工可能会对企业志愿服务项目做出不同的反应,这取决于他们在志愿服务任务中的自主权。

第四,探究同事对其他员工志愿服务的反应。尽管现在研究的重点是员工志愿服务对志愿者个人的影响,但是志愿服务对工作场所其他人产生的影响尚不清楚。Jones 等(2014)研究表明,求职者会对支持志愿服务的企业产生自豪感,并被该企业所吸引。然而,很少有人关注员工志愿服务活动如何影响他们的同事。例如,是否存在传染效应? 志愿者的同事是否更愿意成为志愿者? 未来的研究可以进一步探究同事能否"沐浴"在员工志愿服务的光芒之下。换句话说,其他员工是否需要做志愿者才能从同事的志愿服务行为中获益。

4.4　本　章　小　结

(1)企业志愿服务作为企业社会责任的重要组成部分,在许多组织中越来越成为一种普遍现象。然而,目前关于企业志愿服务的相关研究还非常有限。

(2)本章从个体因素、组织因素和企业层面因素探讨了员工参与企业志愿服务行为的前因。个体因素研究主要聚焦于个体的人口统计学因素(年龄、性别和教育等)、个体特质(大五人格模型、亲社会特征)、志愿服务动机和志愿身份认同等角度探讨了员工志愿服务的前因。组织层面因素主要关注工作设计和工作情境。企业层面因素主要聚焦于企业规模以及企业为志愿服务活动提供的各类支持资源。

(3)本章探讨了志愿服务对组织层面结果(如企业创新、生产力等)、员工个体层面工作态度(需求满足和幸福感等)和行为(工作绩效等)以及同事对志愿者服务行为的反应。

(4)本章指出了现有研究的不足,同时给出了未来的研究方向。

第五章　社会责任型人力资源管理研究

5.1　社会责任型人力资源管理的研究背景

近年来,现代企业开始从专注经济增长到关注伦理和可持续性理念的转变。这不仅促进了企业商业战略的转变,而且促进了人力资源开发、人力资源管理政策以及实践上的转变。同时,若要达到这种预期的转变,实现组织系统内企业社会责任制度化与可持续性发展的核心在于通过人力资源管理鼓励员工参与企业社会责任(赵红丹和周琼瑶,2018),这种人力资源管理称之为社会责任型人力资源管理(SRHRM)。管理者们越来越认识到履行 CSR 不仅能够帮助企业获得财务上的收益,而且能够成为企业重要的竞争优势。特别是在新冠疫情爆发后,越来越多的企业开始实施 SRHRM 实践以帮助企业可持续性地解决社会问题。例如,顺丰对在新冠疫情期间抗击疫情做出突出贡献的员工给予奖励和火线提拔。

尽管实践界和理论界为推动企业社会责任实践开展付出巨大努力,但这些举措大多立足于组织外部并聚焦于宏观层面问题(Tu 等,2020),而具体的操作仍然是大多数企业在履行责任过程中面临的主要问题(肖红军和李平,2019)。越来越多的学者从 CSR 与人力资源管理相结合的视角出发,探究宏观层面 CSR 的微观基础(刘远和周祖城,2015;颜爱民和李歌,2016;张麟等,2017;朱月桥和周祖城,2020;颜爱民等,2020)。但是,目前管理者还不了解如何实施 CSR 才能同时提高社会绩效以及企业内部的财务绩效。企业实施 SRHRM 实践对于解决这一问题具有重要意义。

SRHRM 作为一种针对员工的 CSR 实践活动,是 CSR 成功实施的重要工具和关键举措。SRHRM 实践包括招聘和保留有社会责任感的员工,为员工提供社会责任方面的培训,并在绩效考核、升职加薪时考虑员工对社会的贡献(Shen 和 Zhu,2011;Shen 和 Benson,2016;Shen 和 Zhang,2019)。通常,人力资源管理实践包括三种类型：技能提升型、动机增强型和机会提升型实践。尽管SRHRM包括技能提升型（如进行企业社会责任方面的培训）和动机增强型实践（如表彰和奖励员工的社会贡献），但不同于普通的人力资源管理实践，它主要是针对特定的企业社会责任，并且有助于促进企业社会责任的贯彻和实施。这种SRHRM实践在平衡内部和外部利益相关者之间的利益、获得员工支持以及推进CSR实施方面发挥着重要作用（王娟等，2019）。员工作为SRHRM的参与者、执行者和观察者，其行为如何受到影响却并未受到学者的重视。仅有的几篇有关SRHRM的研究只是探讨了SRHRM对积极行为的影响，如员工的组织承诺、工作绩效和角色外的助人行为（Shen和Benson，2016）。但是，SRHRM的相关研究依然非常匮乏。

5.2 社会责任型人力资源管理构念

5.2.1 SRHRM 的概念界定

为了促进CSR的有效实施，学者从战略人力资源管理的角度对企业如何履行社会责任的问题提出指导建议（Voegtlin和Greenwood，2016；肖红军，2020）。SRHRM来自于CSR、商业伦理、组织行为等不同领域文献的整合。Orlitzky和Swanson（2006）最先提出借助人力资源管理实践来促进社会责任活动相关政策的落实。Shen和Zhu（2011）首次明确提出了SRHRM这个概念，认为SRHRM包含三个维度：合规型HRM（legal compliance HRM）、员工导向型HRM（employee‐oriented HRM）和一般CSR促进型HRM（general CSR facilitation HRM）。合规型HRM主要涉及遵守有关公平就业机会、安全健康、最低工资等法律法规的HRM实践活动；员工导向型HRM强调满足员工自身和家庭的需求，主要包括保证工作场所的公平，满足员工个人发展的需求等方面的HRM实践活动；一般CSR促进型HRM主要包括支持社区发展、减少环境污染及消除贫困等方面的HRM实践活动。随后，研究者基于不同的研究目的，从不同视角对SRHRM概念进行了界定，目前尚未形成统一，但大体可以分为员工导向、参与性和平等性这三个视角（赵红丹和周琼瑶，2018）。

（1）员工导向性视角。这一SRHRM导向的代表性人物是Shen和Zhu（2011）及Newman等（2016），他们强调以员工为中心。他们把SRHRM定义为对员工实施的CSR实践活动，包括招聘和选拔有CSR意识的员工，为员工提供CSR方面的培训，在晋升、绩效评估、薪酬制定等方面考虑员工对社会的贡献等

(Shen 和 Zhu,2011)。

(2)参与性视角。这一 SRHRM 导向的代表性人物是 Kundu 和 Gahlawat (2015)及 Shen 和 Benson(2016)。Kundu 和 Gahlawat(2015)把 SRHRM 定义为组织并支持那些旨在提高员工在 CSR 中参与性角色的人力资源活动,并同时把员工视为 CSR 实践的传播者和接受者。Shen 和 Benson(2016)将 SRHRM 定义为组织激励员工参与有利于外部利益相关者的 CSR 项目的程度。这一视角强调组织采用 SRHRM 管理实践的目的在于让员工支持组织外部 CSR 的实施,认为 SRHRM 不仅是 CSR 倡议的重要组成部分,也是 CSR 倡议成功实施的重要工具。

(3)平等性视角。强调组织为员工提供平等的就业机会并且关注员工在工作-家庭平衡方面的需求。这一视角强调 SRHRM 的一个关键特征是,在人力资源管理实践中强调性别平等。这一视角要求组织在采用 SRHRM 实践时要合理考虑性别因素,比如在工作场所中提供平等的就业机会,考虑员工工作和家庭之间的平衡,为女性员工提供特定的帮助;提高女性员工在决策中的参与度和话语权,为女性员工提供灵活的工作时间安排等方面(Riivari & Lämsä, 2019)。

5.2.2　SRHRM 的构念和测量

由于当前对 SRHRM 的概念界定尚未统一,其相应的结构也未统一,因而基于相应结构的测量工具也各有不同。Shen 和 Zhu(2011)首次提出 SRHRM 的概念并根据作用的对象不同将 SRHRM 分为三类(即合规型 HRM、员工导向型 HRM 和一般 CSR 促进型 HRM),并在此基础上开发了 13 个条目的三维量表。Shen 和 Benson(2016)将 SRHRM 整合为一个单维构念,并开发了一个 6 条目的量表,该量表是目前实证研究中使用最为广泛的测量工具。鉴于 Shen 和 Benson(2016)开发的量表中所测量的内容与本项目强调的 SRHRM 内涵相一致,信度、效度良好,并且该量表题目较少,在大规模多阶段施测过程中可以减少被试负担,本项目也预计采用该量表对 SRHRM 进行测量。

5.3　社会责任型人力资源管理对员工的影响

目前有关 SRHRM 的研究极其匮乏。通过对 SRHRM 相关研究文献回顾发现,目前有限的研究主要探讨了 SRHRM 对个体层面员工态度和行为的影响。具体而言,本项目从 SRHRM 的个体层面结果变量、潜在作用机制及边界条件这三个方面进行回顾,如表 5－1 所示。

表 5－1　SRHRM 相关文献综述

理论视角	作者	中介变量	调节变量	结果变量
社会认同理论	Shen 和 Zhu（2011）			情感承诺 持续承诺 规范承诺
	Shen 和 Benson（2016）	组织认同	组织支持感 合作规范	任务绩效 助人行为
	Newman 等（2016）	组织认同		组织公民行为
	Shen 等（2018）	组织支持感 组织认同		帮助外派 人员的意愿
社会交换理论	Nie 等（2018）		主管性别	离职意愿
	赵红丹等（2019）	关系型心理契约	领导成员交换	建言行为
社会信息 处理理论	Zhang 等（2022）	换位思考	表征型归因 实质型归因	员工幸福感
	Lee 等（2022）	组织声望 组织认同	员工对不同 类型的 HR 归因	工作绩效
个体-组织 匹配理论	Zhao 等（2019）	个体-组织匹配	感知的道德 社会责任感	OCBE
情绪事件理论	王娟等（2019）	积极情绪	利他归因 利己归因	反生产行为
社会认知理论	Zhao 等（2021）	道德反思	责任型领导	OCBE
自我决定理论	Zhao 和 Chen（2022）	自主性动机 控制性动机	个体-组织 价值观匹配	道德建言
	Shen 和 Zhang（2019）	组织 CSR 氛围	内部 CSR	外部 CSR 支持

5.3.1　SRHRM 对员工结果的影响

（1）SRHRM 对员工态度的影响。从员工态度方面的结果来看,已有研究表明 SRHRM 能够提高员工的组织承诺(即情感承诺、持续承诺和规范承诺)、东道国国民帮助外派人员的意愿(Shen 等,2018)和员工幸福感(Zhang 等,2020)。

(2)SRHRM 对员工行为的影响。从员工行为结果来看,研究大多数集中于探讨员工感知的 SRHRM 对员工积极行为和绩效的影响,如组织公民行为(Newman 等,2016)、员工对外部 CSR 的支持(Shen 和 Zhang,2019)、角色外助人行为和任务绩效(Shen 和 Benson,2016)、环保型组织公民行为(organizational citizenship behavior for the environment,OCBE;Zhao 等,2019)、建言行为(赵红丹等,2019)和道德建言(Zhao 和 Chen,2022)。例如,Zhao 等(2021)通过对中国上海一家连锁酒店集团 270 份员工数据进行调研,探讨了 SRHRM 对酒店员工组织环境公民行为的影响。研究结果表明,SRHRM 对组织环境公民行为具有积极的影响,道德反思在 SRHRM 与组织环境公民行为之间起中介作用。

此外,也有研究探讨了 SRHRM 对员工消极行为的影响。例如,王娟等(2019)的研究表明员工感知到的 SRHRM 能够减少员工的反生产行为。赵红丹和陈元华(2022)探究了 SRHRM 对员工亲组织非伦理行为的影响。

5.3.2　SRHRM 影响员工结果的潜在作用机制

目前,学者基于多个理论视角探究了 SRHRM 对员工态度和行为的影响(Newman 等,2016;Shen 和 Benson,2016;Shen 等,2018)。

1. 社会认同理论

目前学者主要采用社会认同理论来探究 SRHRM 对于员工态度和行为的影响。Shen 和 Zhu(2011)在中国背景下基于社会认同理论探究了 SRHRM 与三种组织承诺(情感承诺、持续承诺和规范承诺)之间的关系。Shen 和 Benson(2016)基于社会认同理论,采用中国 35 家制造企业 785 个员工的数据,探究了个体层面的组织认同在 SRHRM 与员工工作绩效及角色外助人行为之间的中介作用。Newman 等(2016)基于社会认同理论和社会交换理论,探究了 SRHRM 的三个维度:合规的 HRM、员工导向的 HRM 以及一般 CSR 促进的 HRM 对员工组织公民行为的影响。Shen 等(2018)的研究提出了一个理论模型,该模型表明东道国国民帮助外派人员的意愿受跨国企业子公司人力资源管理实践的影响。通过对韩国跨国企业在中国子公司的数据进行分析,发现高承诺型 HRM 实践能够直接或间接地影响东道国国民协助外派人员的意愿,而SRHRM 能够影响组织认同,继而影响东道国国民帮助外派人员的意愿。

2. 社会交换理论

Nie 等(2018)基于社会交换理论和社会角色理论探究了 SRHRM 对女性员工离职意图的影响,以及主管性别对这种关系的调节作用。通过对 8 个不同行业 212 名女性员工进行调研,结果表明:SRHRM 在减少女性离职意愿方面发挥了重要作用。此外,主管性别在二者关系中起着重要的作用。女性主管比男性主管表现出对上述关系更强的影响。

赵红丹等(2019)基于社会交换理论的广义互惠原则探讨了 SRHRM 对员工建言行为的影响。他们通过分析 316 名企业员工数据,结果表明:SRHRM 对员工建言行为具有正相关关系;关系型心理契约在 SRHRM 与员工建言行为之间起部分中介作用;领导-成员交换削弱了关系型心理契约在 SRHRM 与员工建言行为之间的中介作用。

3. 社会信息处理理论

SRHRM 实践作为一种"第三方公正"是否、如何以及何时提高员工幸福感?为解决这一问题,Zhang 等(2022)根据社会信息加工理论和归因理论,通过对我国 50 家企业的 474 名员工开展多阶段、跨层次的数据调研发现:SRHRM 实践能够通过提高员工的换位思考,继而提升他们的幸福感。此外,员工对 SRHRM 做出的实质型归因强化了 SRHRM 实践与员工换位思考之间的正向关系,而表征型归因则弱化了二者之间的关系。同时,他们还进一步探讨了实质型归因和表征型归因在整个模型中所起的被调节的中介效应。此项研究成果的创新点主要体现在以下 3 个方面:

(1)该研究率先将 SRHRM 实践与员工幸福感联系起来,拓展了目前学者对 SRHRM 实践的有限理解。该研究结果证实了组织层面的 SRHRM 实践能够提高个体层面的员工幸福感,拓展了现有 SRHRM 文献的范围。同时,该研究采用多层次的研究设计,将 SRHRM 研究的目标从功利性视角转移到社会影响方面,阐明 SRHRM 实践的社会效应,帮助弥合宏观和微观层面 CSR 文献之间的巨大差距,从而对企业社会责任文献做出贡献。

(2)该研究通过将社会信息处理理论应用于 SRHRM 领域,将换位思考作为解释 SRHRM 实践对员工幸福感的积极影响的一种关键的认知机制,丰富了社会信息处理理论的应用范围。该研究通过引入社会信息处理理论来揭示 SRHRM 实践的潜在机制,推动了 SRHRM 领域的发展。

(3)通过强调实质性归因和象征性归因在增强或削弱 SRHRM 实践的积极作用方面的边界条件,丰富了企业社会责任归因方面的研究。以往研究强调了企业社会责任归因对员工结果变量的影响。但是,探究员工对 CSR 归因(尤其是实质性归因和象征性归因)边界条件的实证研究仍然极其匮乏。该研究运用归因理论,将员工对 SRHRM 的实质性和象征性归因作为影响 SRHRM 实践效果的边界条件,响应了学者探究 CSR 边界条件的呼吁。

该研究将企业社会责任与人力资源管理相结合,从换位思考这一认知视角揭示 SRHRM 实践对员工幸福感的潜在影响机制,并从实质性归因和表征性归因的视角阐明影响二者之间关系的边界条件。该研究启示管理者在后疫情时代企业若想提升员工幸福感可以采取 SRHRM 实践。但同时该研究提醒管理者:只有当员工对 SRHRM 实践做出实质型归因时,SRHRM 实践才能够实现预期的积极结果,从而帮助企业成功应对新冠疫情后的员工幸福感缺失问题,推动"健康中国"和"幸福中国"建设。

Lee 等(2022)运用社会信息处理理论探讨 SRHRM 影响员工工作绩效的潜在机制。他们通过分析 30 家企业 88 个工作团队中的 390 名员工的样本表明:SRHRM 通过影响感知的外部声望和组织认同,继而影响员工的工作绩效。此外,员工对不同类型的人力资源归因(即员工幸福 HR 归因、员工剥削 HR 归因和行业 HR 归因)对 SRHRM 与员工感知的外部声望之间的关系具有不同程度的调节作用。

4. 其他理论视角

(1)个体-组织匹配理论。Zhao 等(2019)基于个体-组织匹配理论,探讨了 SRHRM 通过提高个体-组织匹配继而影响环保型组织公民行为。他们采用我国上海一家国有连锁酒店 302 名员工的数据,基于个体-组织匹配理论,探究了 SRHRM 实践如何通过提高个体-组织匹配来影响员工对环境的组织公民行为(OCBE)。这项研究还探究了感知的道德和社会责任感(RESR)在这一模型中的调节作用。他们的研究结果表明,SRHRM 通过影响个体-组织匹配进而影响了员工对 OCBE 的参与。当员工持有较高水平的 RESR 时,SRHRM 与个体-组织匹配之间的正相关关系以及个体-组织匹配在 SRHRM 与 OCBE 之间所起的间接效应更显著。

(2)自我决定理论。Zhao 等(2022)基于自我决定理论构建了 SRHRM 如何通过影响员工道德建言的理论模型,并进一步探讨了个体-组织价值观匹配的调节作用。通过对来自两阶段 260 个员工数据的分析,研究发现:SRHRM 能够通过影响员工的内在自主动机,继而促进他们道德建言的表达。

(3)社会认知理论。赵红丹和陈元华(2022)以 320 名员工为样本的实证分析表明:SRHRM 能够降低员工的亲组织非伦理行为。SRHRM 能够通过影响员工的道德效能和道德勇气,继而影响员工的亲组织非伦理行为。

(4)情绪事件理论。王娟等(2019)基于情绪事件理论探讨了积极情绪在 SRHRM 与反生产行为之间所起的中介效应。根据情绪事件理论和归因理论对 SRHRM 实践与员工反生产行为之间的关系进行了深入探究。研究结果表明: SRHRM 实践能够显著降低员工的反生产行为,积极情绪在 SRHRM 与反生产行为之间起中介作用。利他归因能够增强 SRHRM 实践与积极情绪之间的正向关系,而利己归因并没有起到削弱二者之间关系的作用。具体而言,SRHRM 实践一方面能够为员工提供优越的薪酬和工作条件,使员工感知到企业能够公平地对待自己(第一方公平),激发员工的积极情绪,进而降低反生产行为的发生;另一方面,基于社会责任的人力资源管理实践还会关注员工在社会责任方面的表现,使员工切实地感知到企业能够公平地对待外部利益相关者(第三方公平),激发员工的高兴、兴奋和自豪感等积极情绪,进而减少反生产行为。

他们首先从 CSR 与人力资源管理结合的视角,探究了基于社会责任的人力资源管理实践对反生产行为的影响,拓展了中国管理背景下 CSR 与员工消极行为结果的认识。其次,基于情绪事件的视角探究 SRHRM 实践对反生产行为的影响,将积极情绪引入到二者之间的作用机制中来。这不仅在一定程度上揭示了 SRHRM 影响反生产行为的"黑箱",而且将情绪事件理论拓展到 SRHRM 的研究领域。再者,基于归因理论,他们进一步探究员工对 CSR 的利他归因和利己归因在此模型中的调节作用,拓展了归因理论的应用范围。他们的研究不仅是企业宏观层面与微观层面研究的结合,而且也是企业社会责任与人力资源管理实践之间结合的交互研究。从企业层面和员工层面相结合的视角,对 SRHRM 实践如何影响员工的反生产行为进行深入分析,进而实现提升企业的社会绩效与企业绩效的理想目标,为企业参与社会责任找到一条激励相容的路径。

5.3.3 SRHRM 的边界条件

现有研究主要从个体和组织因素两个方面来探讨了影响 SRHRM 与员工结果变量之间关系的调节因素。

1. 个体层面因素

个体层面的调节因素主要包括员工的伦理和社会责任感(Zhao 等,2019)、核心自我评价(张桂平和刘玥,2019)、个体-组织价值观匹配(Zhao 和 Chen,

2022)、利己归因和利他归因（王娟等，2019）以及象征型归因和实质型归因（Zhang 等，2022）。

（1）员工的伦理和社会责任感。Zhao 等（2019）的研究表明，员工感知的伦理和社会责任感能够调节 SRHRM 与个体-组织匹配之间的正向关系。员工感知的伦理和社会责任感水平越高，SRHRM 与个体-组织匹配之间的正向关系越强。

（2）个体特质。张桂平和刘玥（2019）的研究表明，核心自我评价能够增强内化性道德认同与员工主动服务行为的关系。当员工的核心自我评价较高时，内化性道德认同对主动服务行为的正向作用较强；核心自我评价也调节了内化性道德认同在 SRHRM 实践与员工主动服务行为之间的间接效应。

Zhao 和 Chen（2022）研究表明，个体-组织匹配能够调节员工自主性动机在 SRHRM 与员工道德建言之间的间接影响。

（3）员工对 SRHRM 不同类型的归因。王娟等（2019）根据归因理论提出，如果员工认为企业实施 SRHRM 实践是为了提升社会福利，将其做出利他归因，员工会认为企业是真诚地为社会做出贡献，从而产生更多的积极情绪；相反，当员工认为企业实施 SRHRM 实践仅仅是出于利己目的时，员工就会认为企业履行社会责任是为了获取更多的利润，赢得消费者的支持，是一种虚伪的"做秀"行为，并不会真正地贯彻实施。此时，员工可能不会因为企业实施 SRHRM 实践而产生积极情绪。他们进一步探讨了员工的利他归因能够增强积极情绪在 SRHRM 与员工反生产行为之间所起的中介作用；而利己归因则能够削弱积极情绪在 SRHRM 与反生产行为之间所起的中介作用。

Zhang 等（2022）研究基于归因理论提出，员工对 SRHRM 实践的反应取决于他们对此类人力资源管理的实质型归因和表征型归因。他们提出，员工对 SRHRM 实践中的实质型动机和象征型动机能够对 SRHRM 与员工换位思考之间的关系起到不同的调节作用。SRHRM 的实质型归因意味着员工认为 SRHRM 实践是由他们的企业真诚地希望解决与他们企业互动的多种利益相关者需求所驱动的，因此实质型归因能够增强 SRHRM 与员工换位思考之间的正向关系。相反，SRHRM 的表征型归因意味着员工可能会将 SRHRM 实践视为有利于企业声誉和利润的印象管理工具，因而会削弱 SRHRM 与员工换位思考之间的关系。他们进一步提出，实质型归因能够增强换位思考在 SRHRM 与员工幸福感之间的间接效应，而表征型归因能够削弱换位思考在二者之间的间接效应。

2.组织层面因素

组织层面的调节因素主要包括组织支持、合作规范、针对员工的内部CSR能够影响SRHRM的效应(Shen和Zhang,2019)。具体而言,Shen和Benson(2016)研究表明,组织支持能够调节SRHRM与员工组织认同之间的关系。此外,合作规范也能够调节组织认同与员工角色外帮助行为之间的关系。Shen和Zhang(2019)的研究表明,针对员工的CSR能够调节SRHRM实践与员工对组织外部CSR倡议的支持之间的关系。此外,针对员工的CSR能够调节组织CSR氛围在SRHRM与员工支持组织CSR倡议之间的间接影响。

3.领导类型层面因素

(1)伦理型领导。赵红丹和陈元华(2022)的研究表明,伦理型领导能够增强SRHRM与道德效能、SRHRM和道德勇气之间的正向关系。同时,伦理型领导能够增强员工的道德效能和道德勇气在SRHRM与员工亲组织非伦理行为之间的中介作用。

(2)责任型领导。Zhao等(2021)的研究表明,责任型领导调节了SRHRM与员工道德反思之间的正向关系。责任型领导水平越低,SRHRM与员工道德反思之间的正向关系越强。他们进一步探究了责任型领导对道德反思在SRHRM实践与员工环保型组织公民行为之间中介效应的调节作用。在低水平责任型领导水平下,道德反思在SRHRM与员工环保型组织公民行为的中介效应更强。

5.4 社会责任型人力资源管理的研究评述

SRHRM实践目前的相关研究还比较匮乏,相关研究回顾如图5-1所示。SRHRM将企业内部员工的利益和外部利益相关者的福祉联系在一起,在帮助企业实现经济效益和社会效益的"双赢"方面具有很大的潜力。虽然目前国内学者已经认识到SRHRM在企业履行社会责任过程中的作用(赵红丹和周琼瑶,2018),但是国内在SRHRM实践方面的研究仍处于起步阶段。

通过文献回顾发现,SRHRM目前还是一个新兴的研究领域。目前的研究存在以下几方面的局限性:

(1)以往研究主要探讨SRHRM对个体层面员工结果变量的影响,但是尚未关注SRHRM对团队层面结果变量的影响,更不用提二者之间的影响机制和边界条件。学者们呼吁加强SRHRM领域相关作用机制的研究,以拓展相关的理论基础(赵红丹和周琼瑶,2018;Shen 和 Zhang,2019)。

(2)目前对 SRHRM 个体层面影响结果的探讨也仅仅关注了员工态度和个体绩效等方面。现有研究主要聚焦于社会认同理论、社会交换理论等视角来探究 SRHRM 对员工结果变量的影响机制,但却忽视了其他理论视角。未来研究可以进一步丰富和拓展 SRHRM 领域的中介变量。例如,就 SRHRM 对员工离职意愿的影响来说,还可以考虑员工的组织承诺、员工对组织的信任等不同的中介变量。

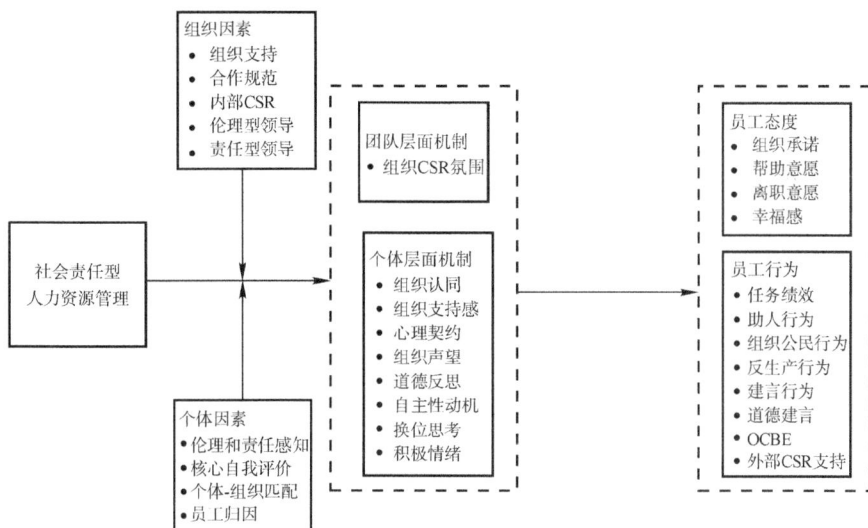

图 5 - 1　社会责任型人力资源管理的研究综述

(3)现有 SRHRM 方面的研究主要聚焦于个体和组织层面变量的调节因素,但极少关注领导类型对 SRHRM 实施效果的影响。未来研究也可以对 SRHRM 的调节变量进行多方面探讨。例如人格、个人主义和集体主义价值观、组织自豪感、平等敏感性等(赵红丹和周琼瑶,2018)。这些问题的存在使学者难以全面地理解 SRHRM 的全景图。

(4)目前研究中所采用的数据大都是横截面数据,只能在特定时间点进行假设验证。但是,SRHRM 对组织、团队和个体的影响是一个动态变化的过程,会随着时间而发生改变。开展纵向研究不仅有助于探究 SRHRM 的动态趋势和动态影响过程,而且能够帮助明确变量之间的因果关系。因此,鼓励未来研究在不同时间点收集纵向数据或者设计单独的自变量、因变量问卷来增加数据来源的多样性。同时,未来研究也可以通过设计实验或者准实验来探讨 SRHRM

的动态变化对员工在工作场所内外态度和行为的影响(赵红丹和周琼瑶,2018)。此外,未来研究也可以采用跨层次的研究方法来探讨 SRHRM 与其他个体因素的协同作用。跨层次的研究能够同时探讨组织因素和个体因素之间的相互影响,从而充分展现 SRHRM 在组织内部的演化机理。

5.5 本 章 小 结

(1)在后疫情时代,社会责任型人力资源管理对于实现企业社会绩效和经济绩效的"双赢"具有重要作用。

(2)本章回顾了社会责任型人力资源管理的构念和维度。同时,从社会认同理论、社会交换理论和社会信息处理理论等多个理论视角探讨了社会责任型人力资源管理影响员工态度和行为的潜在作用机制。

(3)本章从个体因素、组织因素和领导类型的角度探讨了 SRHRM 的边界条件。同时,本章指出了以往研究的不足和未来研究方向。

第六章 绿色人力资源管理研究

6.1 绿色人力资源管理研究背景

在过去的几十年里,商业活动对自然环境的破坏已被企业内外部利益相关者密切关注。近年来,全球气温升高、森林火灾频发、水土资源污染等生态环境问题在全球范围内日益涌现,全球环境问题日趋严峻,如何保护环境、促进社会经济的可持续发展越来越成为社会各界关注的热点话题。商业组织在实施绿色行动方面也面临着越来越大的压力。在我国,党的十八大把生态文明建设纳入中国特色社会主义事业五位一体总体布局,明确提出大力推进生态文明建设,努力建设美丽中国。特别是我国为更好地应对气候变化,在 2020 年 9 月确定了在2030 年前实现碳达峰(排放达到峰值)、2060 年前实现碳中和(净零排放)的目标,即"双碳目标"。随着我国进入"双碳"时代,绿色低碳的发展战略成为共识,而智能化、低碳化的产业发展亟须更多高水平的绿色技能人才来支撑。对于企业来说,在生产运营过程各个环节实现低碳化、绿色化成为未来可持续竞争优势的重要标识。

作为组织主动环境管理的一部分,绿色人力资源管理(green human resource management,GHRM)应运而生,它是以实现环境领域战略目标为导向的人力资源管理体系。这一政策强调将生态环境保护纳入人力资源管理政策之中,涉及影响自然环境的组织活动与人力资源管理系统的设计、演变、实施和影响之间的关系。通过采用有效的绿色人力资源管理能够有效地促进和诱导员工的绿色行为,从而帮助企业实现绿色环保的目标。在过去的十年里,绿色人力资源管理已经成为概念性和实证性工作的一个不断增长的领域。它既包含在可持续人力资源管理的更广泛的主题内,也独立于可持续人力资源管理。绿色人力资源管理领域从环境管理研究的更广泛的原则中出现,与全球环境主义中商业角色的社会期望相结合。但是,目前有关绿色人力资源管理的国内外研究却比较零散。本章通过回顾绿色人力资源管理的相关研究,以期推动未来学者在绿色人力资源管理方面的研究进展。

6.2　绿色人力资源管理的构念

绿色人力资源管理的构念来源于"可持续发展"的概念。联合国世界环境与发展委员会在《我们共同的未来》中,把可持续发展定义为"既满足当代人的需要,又不对后代人满足其需要的能力构成危害的发展"。在可持续发展的观点得到广泛认可后,学者相继提出了"环境管理"的概念。随着该领域研究的深入,学者对人力资源管理涉及的可持续发展问题进行了探究,将可持续发展、环境管理和人力资源管理进行交叉,从而形成了一个全新的研究领域(即绿色人力资源管理),促进企业的可持续发展(唐贵瑶等,2015)。

绿色人力资源管理是指将典型的人力资源管理实践与组织的环境目标进行系统的、有计划的协调,以提升员工的绿色环保和环境相关的理念(Karatepe等,2022)。绿色人力资源管理被定义为一组用于实现组织绿色目标的人力资源管理实践,它是企业社会责任倡议的一部分。绿色人力资源管理实践包括在招聘和选拔过程中考虑候选人的绿色价值观,对员工进行绿色意识和绿色技能方面的培训。在升职加薪时,考虑员工的绿色环保行为,并对员工的绿色环保行为进行绩效考核。绿色人力资源管理有助于培养员工的绿色技能并激励员工参与组织的绿色倡议和活动。也就是说,绿色人力资源管理是企业实施绿色环保行动的重要组织工具。因此,绿色人力资源管理在很大程度上与企业社会责任相关,但又不同于企业社会责任(Shen等,2018)。

6.3　绿色人力资源管理的前因和后果分析

6.3.1　绿色人力资源管理的前因

目前关于绿色人力资源管理的前因变量的研究还非常有限。通过回顾现有研究,学者分别从中宏观和微观层面对绿色人力资源管理的影响因素进行总结。

1. 宏观层面的影响因素

宏观层面的研究主要强调企业面临的外部环境对于企业绿色人力资源管理的影响,主要聚焦在绿色全球化、制度压力和利益相关者诉求等方面。

(1)绿色全球化趋势。随着全球气候变暖加剧以及绿色可持续发展成为共识,越来越多的企业开始关注环境管理(唐贵瑶等,2015)。

（2）我国制度压力。随着我国"五位一体"总体布局的提出以及"双碳"战略目标的提出,对企业开展环境管理形成了现实的压力,从而为发展绿色经济和绿色科技产业营造了良好的氛围,促进了企业绿色人力资源管理的发展。

（3）利益相关者的环保诉求。面对消费者、供应商、内部员工媒体和社会公众等企业利益相关者对企业提出的生态友好型诉求,绿色人力资源管理成为企业可持续推动环境管理的关键因素。

2. 中观层面的影响因素

在中观层面,绿色人力资源管理的影响因素聚焦于企业高管和企业战略等方面。

（1）企业高管因素。现有研究表明,高管人力资源管理承诺能够正向影响绿色人力资源管理（唐贵瑶等,2019）。Obeidat 等（2020）的研究表明,高管支持和内部环保导向能够对绿色人力资源管理产生正向影响。Ren 等（2022）研究表明,CEO 的环境信念与绿色人力资源管理的实施显著相关,特别是对于在污染较严重地区经营的企业。

（2）企业战略实践。企业社会责任实践（特别是社会导向 CSR、消费者导向 CSR 和员工导向 CSR）能够促进企业采取绿色人力资源管理（Úbeda - García 等,2021）。

3. 微观层面的影响因素

从微观层面来讲,组织文化氛围和环境管理密切相关,环境友好型组织文化能够吸引有能力的员工,有利于环境管理。组织的环境管理战略导向和目标能够促进企业实施绿色人力资源管理实践（唐贵瑶等,2015）。

6.3.2 绿色人力资源管理的影响效应分析

从现有文献来看,学者主要探究了绿色人力资源管理实践对组织和员工个体行为的影响。

1. 绿色人力资源管理对组织层面结果变量的影响

（1）企业环保绩效和财务绩效。绿色人力资源管理可以通过人力资源管理实践来实现对组织资源的可持续利用,从而促进组织的可持续发展事业。绿色人力资源管理也能够进一步创造更多的无形资产收益,从而提升企业形象（唐贵瑶等,2015）。大量证据表明,绿色人力资源管理措施对于企业的财务绩效和环保绩效具有重要作用（Longoni 等,2018；唐贵瑶等,2019；Obeidat 等,2020；Ren 等,2022）。企业的环保绩效是指企业在环境保护方面取得的超越社会期望的成效。相关研究也指出,企业采取较多以环境为导向的人力资源管理措施可以提高企业的环保绩效,继而提升组织绩效。

Úbeda-García 等(2021)的研究基于能力-动机-机会理论提出,绿色人力资源管理能够改善企业环境绩效,继而影响企业绩效。具体而言,绿色人力资源管理中的绿色培训能够为员工提供相关的知识和技能,帮助他们识别环境问题以提高他们的绿色绩效。评估员工的绿色绩效能够调整员工行为,并将员工的工作焦点放在环境目标上,从而改善企业的环境结果。关注员工绿色参与的企业为员工创造了将其知识和能力应用于绿色活动的机会,就减少浪费和提高资源使用效率等方面提供创新解决方案,进而促进组织的环境结果。同时,他们的研究表明,组织环境结果与酒店绩效正相关。

(2)绿色合作行为。Kim 等(2019)基于能力-动机-机会理论和权变理论,对中国 126 家汽车制造商的调查进行了分析。研究结果表明,绿色人力资源管理能够积极影响与客户和供应商的环境合作。同时,内部绿色供应链管理能够调节绿色人力资源管理与环境合作行为(与客户环境合作、与供应商环境合作)之间的关系。

(3)组织复原力。国内学者何奎和康鑫(2021)的研究表明,绿色人力资源管理能够提高组织复原力,企业声誉在绿色人力资源管理与组织复原力之间发挥了中介效应,组织主人翁氛围正向调节了绿色人力资源管理对组织复原力的影响。

2. 绿色人力资源管理对员工结果的影响机理

现有研究主要探究了绿色人力资源管理对员工态度和行为的影响。具体而言,主要包含以下两方面的内容:

(1)绿色人力资源管理对员工绿色环保行为的影响。例如,Dumont 等(2017)的研究表明,绿色人力资源管理能够直接或间接地影响角色内绿色行为,但只能通过心理绿色氛围间接地影响角色外绿色行为。个体绿色价值观能够调节心理绿色氛围对角色外绿色行为的影响,但没有调节绿色人力资源管理对角色内绿色行为的影响。Kim 等(2019)的研究表明,绿色人力资源管理提高了员工的环保行为和酒店的环境绩效。国内学者刘宗华和李燕萍基于资源保存理论,提出绿色人力资源管理能够提升员工的绿色正念,进而激发员工绿色创新行为,同时引入绿色自我效能感来探索这一关系的边界条件。唐贵瑶等(2021)基于社会信息处理理论,构建了绿色人力资源管理与员工绿色行为关系的理论模型。通过对两家大型化工企业中 245 名员工的调研数据分析,研究结果表明:员工对绿色人力资源管理的感知能够提高员工在工作场所中的绿色行为;绿色人力资源管理能够激发员工环保热情,从而对员工绿色行为产生积极影响;主管支持感正向调节绿色人力资源管理与员工环保热情之间的关系。

（2）绿色人力资源管理对员工非绿色行为的影响。Shen 等（2018）的研究探讨了员工对绿色人力资源管理的感知与非绿色工作场所绩效（包括员工任务绩效、组织公民组织行为和离职意愿）的影响机制。对多源数据的分析表明,感知到的绿色人力资源管理通过影响员工的社会和心理过程（即组织认同）来影响员工这三种非绿色工作场所结果。组织支持感在整个过程中起到了调节效应。此研究增进了我们对绿色人力资源管理与员工非绿色行为结果之间关系的认识。Karatepe 等（2022）的研究表明,绿色人力资源管理增强了员工对组织支持环境的感知,继而促进员工的工作投入和与任务相关的亲环境行为,并且减少他们的离职意愿。

6.4 绿色人力资源管理的研究评述

绿色人力资源管理的前因和后果研究如图 6-1 所示。

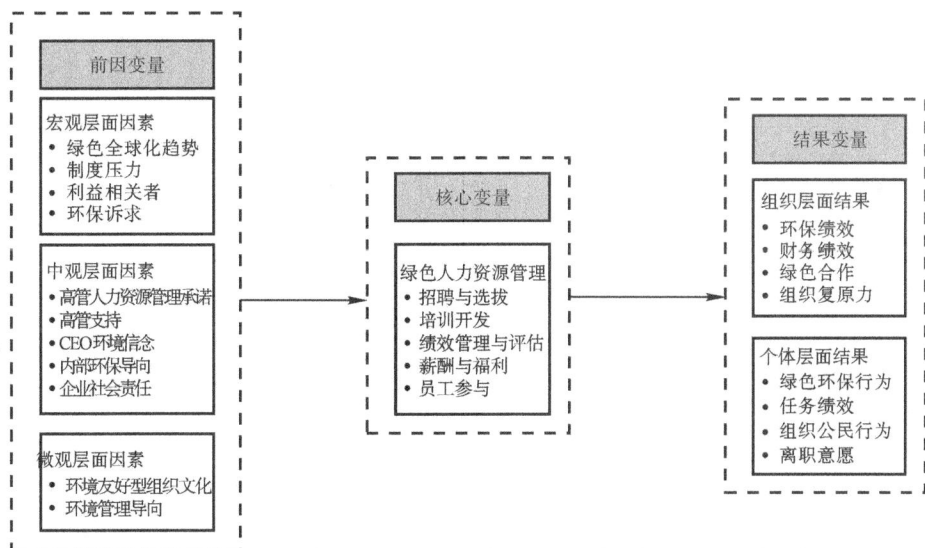

图 6-1 绿色人力资源管理的前因和后果研究

通过对绿色人力资源管理相关文献进行回顾发现,当前绿色人力资源管理领域的研究尚处于起步阶段,还有许多可探索的空间。因此,未来可以从以下几方面进行系统、深入的研究:

（1）绿色人力资源管理的前因变量。从现有文献来看，关于绿色人力资源管理前因的探讨相对不够充分，研究内容也比较单一。未来的绿色人力资源管理前因研究可以进一步从 CEO 的特征（如谦卑型 CEO）的视角来探究绿色人力资源管理的前因。

（2）绿色人力资源管理的作用结果及作用机制研究。目前关于绿色人力资源管理的研究多聚焦于组织层面和个体层面的环保绩效，但对团队层面的结果变量关注较少。因此，未来研究可以进一步探究绿色人力资源管理实践对于团队绿色创新等结果变量的影响。

（3）以往对绿色人力资源管理影响结果的探讨极少涉及其潜在中介机制。未来的研究可以从其他理论视角出发，来探讨员工对组织绿色价值观的认同感是否在绿色人力资源管理与员工相关结果变量的关系中起中介作用。此外，未来的研究还可以将绿色人力资源管理作为一种情境因素来对其调节作用加以探讨。

6.5　本章小结

（1）本章节探讨了绿色人力资源管理的研究背景、构念和维度，提出绿色人力资源管理是激励员工采取绿色环保行为，推动企业进行可持续的环境保护的一种有效手段，对于加强我国生态文明建设具有重要意义。

（2）本章节从宏观层面因素（环保趋势、制度压力和利益相关者诉求）、中观层面高管特征和企业实践、微观层面组织文化等视角探讨了绿色人力资源管理的驱动因素。

（3）本章节从组织层面结果变量（企业绩效、环境绩效、环境合作和组织复原力）和个体层面结果变量（绿色行为和非绿色行为）的视角探讨了企业绿色人力资源管理的后果。

（4）最后，本研究指出了现有绿色人力资源管理的研究局限性和未来研究方向。

第7章 员工建言研究

7.1 员工建言的概念与维度

建言是指员工表达有关工作方面问题的建设性意见、顾虑或想法(Van Dyne 等,2003)。员工建言是一种以变革为导向的行为,涉及酌情提供旨在改进团队或组织运转的信息(Detert 和 Burris,2007)。员工通过建言行为能够帮助组织进行创新并成功适应动态的商业环境。尽管员工建言在意图上具有建设性,但在本质上却是一种具有挑战性的角色外行为。研究指出,员工建言主要包括以下三个核心方面:第一,建言是一种为了改变企业现状而采取的挑战性行为;第二,建言属于不受组织规则限定的角色外行为,员工可以自由决定是否建言;第三,建言并没有被纳入组织的正式奖惩体系(陈建和时勘,2017)。

根据员工建言动机的不同,学者将建言行为划分为亲社会型、防御型和默认型三种类型(Van Dyne 等,2003)。其中,亲社会型建言是指基于合作动机而表达与工作相关的想法、信息和观点,其主要目的是使他人受益。防御型建言是指出于恐惧和自我保护动机而说出与工作有关的想法、信息和观点。默认型建言是指基于顺从目的而表达与工作相关的想法、信息和观点,这种类型的建言是由于员工不愿与他人有差异而采取的一种低效、一致性的表达。尽管 Van Dyne 及其同事(2003)扩展了建言的定义,使之包括建设性的建议和顾虑,但是,有关建言的研究主要聚焦在建言的促进性方面,即表达有助于改善现有工作实践和程序的建议。

根据建言内容的不同,学者将建言划分为促进性和抑制性建言两个维度(Liang 等,2012)。其中,促进性建言是指员工为了全面提高团队或组织效能而表达的新想法或建议;抑制性建言则是指员工针对他们所关注的不利于组织的工作实践、事件或行为而表达的担忧。抑制性建言能够将以前未发现的问题置于要解决的集体议程之上以防止此类问题的发生,对组织的健康发展起着至关重要的作用。由于在某些组织中开发创新性想法和解决方案的过程需要花费大量的时间和精力,抑制性建言可能会比促进性建言更具影响力。与西方文化相比,我国文化权力距离较大并且强调和谐的人际关系,Liang 等(2012)开发的促进性和抑制性建言量表更适用于我国的文化背景。

7.2 促进性和抑制性建言的前因变量

由于建言行为本质上具有挑战性,提出建议可能意味着员工需要做很多额外的工作,因此很多员工选择保持沉默(Ng 等,2019)。目前,国内外学者指出,员工建言在很大程度上是由一系列内在和外在因素共同驱动的。他们主要从个体、领导和组织三个方面探讨了建言行为的前因变量(Morrison,2011;Morrison,2014;于静静和赵曙明,2013)。Morrison(2014)将员工建言的前因变量归为五类,包括个体性格,对工作和组织的态度和看法,个体的情绪、信念和图式,领导者行为以及情境因素。以往学者对促进性和抑制性建言进行了元分析(Chamberlin 等,2017)。本研究从个体、领导和组织情境这三个方面探讨促进性和抑制性建言行为的前因变量。

7.2.1 个体因素

建言文献中发现的一个核心前提是,建言的潜在动机在本质上是亲社会性质的。也就是说,建言的动机是员工希望为组织或利益相关者带来建设性的改变(Morrison,2014)。因此,当员工强烈希望能够帮助组织更有效地运转时,他们建言的可能性更大(Morrison,2011)。学者基于计划行为理论,从三个心理因素(心理安全、建设性改变的义务感和基于组织的自尊)的视角,探究了促进性和抑制性建言的影响因素(Liang 等,2012)。他们通过对 239 名员工数据进行分析,发现建设性改变的义务感是影响促进性建言的最主要因素,心理安全则是影响抑制性建言的最主要因素。当基于组织的自尊水平较低时,心理安全与两种建言(促进性和抑制性建言)之间的正相关关系会明显减弱。此外,心理安全、建设性改变的义务感和基于组织的自尊之间的三方交互能够预测员工的促进性和抑制性建言。

1. 个体性格

Morrison(2014)认为,尽责性、外向性和积极主动的个性特征与建言行为显著正相关。Wei 等(2015)基于社会期望反应理论,采用 5 家高科技公司 66 位中层管理人员及其262位团队成员的数据,探讨了两种个体价值观(权力距离与表面和谐)分别通过影响感知有效性和感知风险,继而影响员工的促进性和抑制性建言。研究结果表明,主管委派削弱了权力距离与感知有效性之间的负向关系,并且调节了感知有效性在权力距离与促进性建言之间的间接关系。相反,团队建言氛围削弱了表面和谐与感知风险间的正向关系,并且削弱了感知风险在表面和谐与抑制性建言之间的间接关系。与感知风险相比,感知有效性与促进性建言更相关;与感知有效性相比,感知风险与抑制性建言更相关。

Lin和Johnson(2015)基于调节焦点理论和自我耗竭理论提出了建言行为前因和结果的动态过程模型。两项多阶段现场研究的结果表明:员工的促进焦点和防御焦点能够影响他们的促进性和抑制性建言。促进性建言能够减少自我耗竭,而抑制性建言能够增加自我耗竭。与自我控制的动态本质一致,自我耗竭能够减少员工随后的促进性和抑制性建言。国内学者基于期望理论,探究了员工促进性和抑制性建言的动机因素(陈思等,2016)。他们的研究表明,三种动机(关心组织动机、亲社会动机和印象管理动机)均能够显著地提高促进性和抑制性建言。防御焦点能够调节亲社会动机与促进性建言间的关系,并且能够调节印象管理动机与这两种建言之间的关系;促进焦点能够调节印象管理动机与促进性建言之间的关系。

Kakkar等(2016)采用291名员工和经理的多来源调查问卷发现,个体的趋近导向与促进性建言正相关,但与抑制性建言负相关。相反,个体的回避导向与抑制性建言正相关,但与促进性建言负相关。此外,建言角色期望调节了趋近和回避导向对促进性和抑制性建言的影响。即当对建言的角色期望较弱时,趋近和回避导向对两种建言的影响就更强。

Kong等(2017)采用中国42个团队215名员工的数据,根据需求理论提出了一种基于需求驱动的理论模型以探究建言行为的前因变量。具体而言,个体的归属需求对促进性和抑制性建言有不同的影响,领导成员交换(Leader - Member Exchange,LMX)在二者之间起中介作用,群体凝聚力削弱了LMX在归属需求与两种建言之间的间接影响。MacMillan等(2019)基于权力理论,采用55名领导和214名员工的两阶段实地调研数据,探究了员工的工作防御焦点、LMX和职位等级如何影响他们的抑制性建言。研究结果表明,员工的个体特征(工作防御焦点和职位等级)与他们的抑制性建言显著正相关,而员工感知的LMX与他们的抑制性建言负相关,领导者感知的LMX和员工职位等级都无法单独预测领导者对员工抑制性建言的兴趣。相反,LMX与员工职位等级的交互作用能够以一种反直觉的方式影响领导者对员工抑制性建言的兴趣。当

LMX 低、员工职位等级高时,领导者最有可能对员工的抑制性建言感兴趣。开放式的回答表明,员工倾向于强调积极的一面,因为这是他们认为领导者希望听到的。领导者虽然表达了对所有信息开放的愿望,但在某些情况下,他们在回应信息时会战略性地考虑信息发送者的特征。

2. 对工作和组织的态度和看法

Morrison(2014)认为,员工感知的责任感、工作满意度、社会支持和组织认同等变量能够激励员工建言,而心理疏离感则会降低员工建言。Qin 等(2014)基于资源保存理论,探究了员工情绪耗竭与建言之间潜在的非线性关系。他们的研究表明,个体和团队资源(工作安全和互动公正氛围)在高情绪耗竭水平上可能会触发员工的资源获取动机,个体层面的工作安全和团队层面的互动公正氛围能够调节情绪耗竭和抑制性建言之间的关系。具体而言,当员工具有较低水平的工作安全感并且处于较低的互动公正氛围中时,情绪耗竭与抑制性建言之间具有负向关系;而当这些资源(工作安全感和互动公正氛围)的水平较高时,情绪耗竭与抑制性建言之间呈 U 形关系。他们还发现,这些因素对抑制性和促进性建言的影响效果不同。当员工的情绪耗竭程度很低并且具有较低水平的工作安全感以及互动公正氛围时,对促进性建言产生的负面影响更强。当情绪耗竭程度很高并伴有较高的工作安全感及互动公正氛围时,对抑制性建言产生的积极影响更强。Wang 等(2019)基于资源保存理论,采用中国 361 名员工的数据,探究了工作压力与员工建言呈行为之间的关系。研究表明:阻碍性压力与员工的两种建言(抑制性和促进性建言)呈 U 形关系。挑战性压力与这两种建言线性正相关。挑战性压力调节了阻碍性压力与建言行为之间的非线性关系。具体地,当挑战性压力较高时,阻碍性压力与这两种建言间呈线性负相关;当挑战性压力较低时,阻碍性压力与这两种建言间呈曲线关系。

Li 等(2018)探究了员工感知的组织政治对他们促进性和抑制性建言的影响。情景实验研究和纵向实证研究的结果均表明,即使控制了心理安全和感知的建言义务,感知的组织政治仍通过影响心理不确定性继而影响两种类型的建言(促进性和抑制性建言)。此外,工作自主性削弱了心理不确定性对促进性建言的负向影响,而工作安全削弱了心理不确定性对抑制性建言的负向影响。

国内学者马贵梅等(2015)探究了员工-组织匹配对两种建言(促进性和抑制性建言)的影响,并进一步探究了权威领导和工作绩效的调节作用。

3. 情绪、信念和图式

Morrison(2014)指出,心理安全会激发员工的建言行为,而无用感和恐惧则会抑制员工的建言行为。当员工认为将自身的情感和认知能力投入到工作中是安全的并且相信自己有足够的个人资源来完成这项工作时,他们更有可能说出自己的想法。Liu 等(2015)从情感作为社会信息的视角出发,在两项研究中探讨了建言对象的情绪对建言者促进性建言的潜在影响。在研究 1 中,142 名 MBA 学生的情景实验表明,建言对象的积极情绪通过提高建言者的心理安全,继而提高他们的促进性建言意图。当建言者与建言对象之间的关系质量较差或者建言者的社会地位低于建言对象时,这种中介关系会更强。在研究 2 中,他们通过对 30 个团队 142 个成员所涉及的 572 个配对数据进行分析,探讨了建言对象的积极情绪对建言者促进性建言行为(而非意图)的影响。

7.2.2　领导因素

由于领导者能够影响与建言有关的工作场所规范,所以领导行为是员工建言的重要前因变量。特别是当领导者能够与员工建立起忠诚、信任的互动关系,并且能够接受他人的看法时,员工的建言积极性就越高(Morrison,2014)。Mo 和 Shi(2018)通过对中国一家高科技公司 37 名团队主管和 176 名员工的三阶段数据进行分析,结果表明:伦理型领导可能会通过提高员工的促进性建言继而提高他们的工作绩效;当 LMX 水平低时,伦理型领导能够显著地提高员工的促进性建言。Bai 等(2019)将社会学习理论扩展到多层次的视角,采用 47 位经理和 211 位下属的配对数据,探究了团队伦理型领导对员工建言行为的影响。具体而言,从个体层面的社会学习视角来看,团队伦理型领导能够提高员工感知,这种伦理型领导能够发挥道德行为榜样的作用,继而提高他们的促进性和抑制性建言。从团队层面的社会学习视角来看,团队伦理型领导能够在团队内部营造一种团队伦理氛围,继而提高员工的促进性和抑制性建言。从个体和团队交互作用的视角来看,团队伦理氛围能够增强伦理型领导与伦理角色榜样之间的关系。Wang 等(2019)从社会交换的视角,揭示了主管-下属关系是否以及如何影响员工的建言行为。他们采用 299 对主管-下属的配对样本,分析结果表明:主管-下属关系能够影响员工的促进性和抑制性建言,员工的心理所有权在主管-下属关系和抑制性建言之间发挥着中介作用,但它并未在主管-下属关系与促进性建言之间起到中介作用。心理授权在主管-下属关系和员工的两种建言关系中能够发挥中介作用。

国内学者主要从领导行为的视角探究了员工两种建言(促进性和抑制性建言)的前因。例如,向常春和龙立荣(2013)探究了参与型领导对建言行为的影响机制。刘生敏和廖建桥(2015)探究了真实型领导和员工的建设性变革责任感对员工抑制性建言的影响。他们的研究进一步表明，希望在真实型领导与员工抑制性建言之间起中介作用；真实型领导在建设性变革责任感与员工抑制性建言之间起正向调节作用。刘生敏和廖建桥（2016）探究了禽流感等危机情境下真实型领导与员工抑制性建言之间的关系，并且探究了员工的负面预期和建言氛围在二者之间的中介作用。张亚军等（2017）探讨了谦卑型领导对员工抑制性建言的影响，进一步探究了建言效能感在二者之间所起的中介作用以及中庸思维的调节作用。罗兴鹏和张向前（2018）基于自我验证理论和情感-认知一致性视角，探究了正向领导对员工两种建言的影响，并提出了个人-团队价值观匹配在二者之间的中介作用以及团队情感承诺的调节效应。牛雄鹰等（2019）基于自我决定理论，探究了包容型领导对企业商业模式创新的积极影响，并且进一步探究了促进性和抑制性建言在包容型领导与企业商业模式创新之间所起的中介作用，以及促进性建言风险感知在其中所起的调节作用。

马贵梅等（2014）在中国本土情境下，探究了权威领导对员工促进性和抑制性建言的影响。具体而言，权威领导对员工的促进性和抑制性建言具有消极影响；建设性变革责任感和组织支持感在权威领导与员工两种建言之间起中介作用；组织支持感在权威领导和抑制性建言之间的中介效应要高于建设性变革责任感在其中的中介效应。鞠蕾（2016）基于组织公正理论，探究了辱虐管理对员工促进性建言的影响，验证了组织公正在二者关系之间所发挥的中介作用，并进一步检验了宽恕行为在这一关系中所起的调节作用。许黎明、赵曙明和张敏（2018）根据自我决定理论和资源保存理论，探究了二元工作激情（和谐工作激情和强迫工作激情）在领导辱虐管理与员工两种建言之间所起的中介作用。

陈倩倩等（2017）根据社会认知理论，探讨了领导者信息共享与促进性建言之间的关系，并进一步探究了内部人身份认知在二者之间的中介作用以及集体主义的调节效应。梁潇杰等（2019）基于资源保存理论，在中国情境下探究了上下级关系对员工两种建言（促进性和抑制性建言）的"双刃剑"作用，并进一步探讨了员工的心理安全感和面子顾虑在上下级关系与两种建言之间的中介效应。

7.2.3 组织情境因素

Knoll 和 Redman（2016）提出雇主赞助的建言实践（Employer - sponsored voice practices，ESVP），这是一种用于提高员工建言行为的人力资源管理工具。他们对一家跨国技术企业英国分公司的员工进行调研，将建言和沉默作为独立的行为并考虑其特定的激励因素。结果表明：即使 ESVP 能够激励员工参与建言，但是合作型沉默可能仍然存在；对组织的情感依恋和工作投入增强了 ESVP

与促进性建言之间的关系;当对组织的情感依恋高而工作投入低时,ESVP 与合作型沉默之间的关系得到增强。国内学者苗仁涛等(2015)探究了高绩效工作系统对员工促进性与抑制性建言的影响。他们通过分析 39 位人力资源经理与309 名员工的数据发现:高绩效工作系统对员工的促进性和抑制性建言产生重要影响;组织支持感在其中起中介作用;程序公平氛围和互动公平氛围调节了高绩效工作系统与组织支持感之间的关系。国内外学者对促进性与抑制性建言前因变量的研究,如表 7-1 和表 7-2 所示。

表 7-1　促进性与抑制性建言前因变量的国外研究综述

代表性文献	前因变量	中介变量	调节变量
Liang 等(2012)	心理安全 建设性改变的义务感 基于组织的自尊		
Qin 等(2014)	情绪耗竭		工作安全 互动公正氛围
Liu 等(2015)	建言对象的积极情绪	心理安全	建言者与建言对象间的关系及社会地位差异
Wei 等(2015)	权力距离 表面和谐	感知有效性 感知风险	主管委派 团队建言氛围
Kakkar 等(2016)	趋近导向 回避导向		建言角色期望
Knoll 和 Redman(2016)	雇主赞助的建言实践		情感依恋 工作投入
Kong 等(2017)	归属需求	LMX	群体凝聚力
Li 等(2018)	感知的组织政治	心理不确定性	工作自主性 工作安全
Mo 和 Shi(2018)	伦理型领导		LMX
Bai 等(2019)	团队伦理型领导 个体伦理型领导	道德行为榜样 团队伦理氛围	
MacMillan 等(2019)	工作防御焦点 LMX 职位等级		

续表

代表性文献	前因变量	中介变量	调节变量
Wang 等（2019）	挑战性压力 阻碍性压力		
Wang 等（2019）	主管-下属关系	心理所有权	

表 7－2 促进性与抑制性建言前因变量的国内研究综述

代表性文献	前因变量	中介变量	调节变量
向常春和龙立荣（2013）	参与型领导	积极的印象管理动机	人际公平
马贵梅 等（2014）	权威领导	建设性变革责任感 组织支持感	
马贵梅 等（2015）	员工-组织匹配		权威领导 工作绩效
苗仁涛 等（2015）	高绩效工作系统	组织支持感	程序公平氛围 互动公平氛围
刘生敏和廖建桥（2015）	真实型领导 建设性变革责任感	员工希望	
刘生敏和廖建桥（2016）	真实型领导	负面预期 建言氛围	
陈思 等（2016）	关心组织动机 亲社会动机 印象管理动机		防御焦点 促进焦点
陈倩倩 等（2017）	领导者信息共享	内部人身份认知	集体主义
张亚军 等（2017）	谦卑型领导	建言效能感	中庸思维
鞠蕾（2016）	辱虐管理	组织公正	宽恕行为
许黎明 等（2018）	辱虐管理	和谐工作激情 强迫工作激情	
罗兴鹏和张向前（2018）	正向领导	个人-团队价值观匹配	团队情感承诺
牛雄鹰 等（2019）	包容型领导		促进性建言风险
梁潇杰 等（2019）	上下级关系	心理安全感 面子顾虑	

7.3　促进性和抑制性建言的结果变量

目前,一些学者开始探究促进性和抑制性建言的结果变量,他们主要从对建言者自身以及对组织的影响这两方面展开(陈建和时勘,2017;李方君等,2018)。

7.3.1　对建言者的影响

研究表明,促进性建言能够影响员工的组织公民行为、创新绩效和任务绩效;而抑制性建言能够影响员工的安全绩效、反生产行为和个体绩效(Chamberlin 等,2017)。McClean 等(2018)根据期望状态理论,探讨了员工的两种建言行为(促进性和抑制性建言)和性别如何通过影响他们的社会地位,继而影响他们成为领导者的程度。他们在两项研究(三阶段现场调研和实验研究)中均发现,促进性建言(而不是抑制性建言)能够通过影响员工的社会地位,继而帮助他们成为领导者,并且这种关系取决于建言者的性别。具体而言,与参与抑制性建言的男性以及参与促进性建言的女性相比,参与促进性建言的男性在社会地位和成为领导者方面的受益最大。

Huang 等(2018)基于社会说服理论,探讨了促进性/抑制性建言与管理者对建言者的评价(即由管理者评价的建言者晋升能力和整体绩效)之间的非线性关系。研究结果表明:相比于很少建言或频繁建言的员工,管理者倾向于对那些使用中等频率建言的员工给予更积极的评价。研究 1 采用一家中国银行的样本数据发现,LMX 调节了抑制性建言与建言者晋升能力之间的倒 U 形关系。而不论 LMX 的水平如何,促进性建言的频率与建言者的晋升能力无关。研究 2 采用美国一家信息技术公司的样本数据在很大程度上复制了研究 1 中的主要发现。在这一研究中,他们使用员工报告的建言频率,而不是研究 1 中使用的由经理评价的建言行为。研究 3 中采用美国一家金融服务公司的样本发现:建言的建设性中介了抑制性建言与 LMX 的曲线交互效应对管理者评价的员工整体绩效的影响。

7.3.2　对团队的影响

Li 等(2017)基于调节焦点理论,采用 88 个生产团队的数据发现,促进性和抑制性团队建言都有助于提高团队生产绩效收益和团队安全绩效收益。研究发现:促进性团队建言与团队生产绩效收益呈正相关关系,而抑制性团队建言与团队安全绩效收益呈正相关关系。团队创新在促进性团队建言与团队生产绩效收益之间起中介作用,团队监管则在抑制性团队建言与团队安全绩效收益之间起中介作用。当先前的团队安全绩效较低时,团队监管在抑制性团队建言与团队安全绩效收益之间的间接影响会更强。

Guzman 和 Espejo(2019)运用两项研究,探究了促进性建言与管理创新之间的关系。研究 1 通过对 62 个工作单位的多来源数据进行分析发现:讨论想法的意愿在促进性建言与管理创新之间起中介作用。工作单位的可用资源能够增强促进性建言与讨论想法意愿之间的关系。研究 2 对 100 名在职员工的样本数据进行分析,结果表明:资源的可用性能够积极地调节促进性建言与讨论想法的意愿之间的关系。Liang 及其同事通过对 78 个研发项目团队的调查数据进行分析,探讨了团队成员的建言如何以及何时能够促进团队创新(Liang 等,2019)。他们的研究表明:团队成员的促进性建言能够通过影响团队知识运用来增强团队创新,而团队成员的抑制性建言则以一种非线性的方式来影响团队反思,继而影响团队创新。在创新周期的不同阶段(想法产生与想法实施阶段),团队成员的促进性和抑制性建言的差异效应会更强。团队知识运用在团队成员的促进性建言与团队创新之间起中介作用,团队反思也能够在二者的关系中起中介作用。在团队创新的创意产生阶段,团队知识运用在团队成员的促进性建言与团队创新之间的中介效应更强。研究结果还证实了团队反思在团队抑制性建言与团队创新之间的非线性间接效应,从而使团队抑制性建言的积极作用在较高水平上逐渐减弱。与预期相反,抑制性建言的影响效应无论在什么阶段都存在。

自从 Liang 等(2012)将建言细分为促进性和抑制性建言之后,建言相关的研究开始焕发出新的活力。国外学者主要聚焦于探究影响员工促进性和抑制性建言的个体因素。例如,个体价值观(Wei 等,2015)、促进焦点和防御焦点(Lin 和 Johnson,2015)、趋近导向和回避导向(Kakkar 等,2016)。国内学者主要从领导风格以及领导-成员关系的视角探究了两种建言的前因变量。例如,参与型领导(向常春和龙立荣,2013)、真实型领导(刘生敏和廖建桥,2015;刘生敏和廖建桥,2016)和包容型领导(牛雄鹰、丁言乔和王亮,2019)。目前对员工促进性和抑制性建言前因和结果变量的研究综述,如图 7-1 所示。

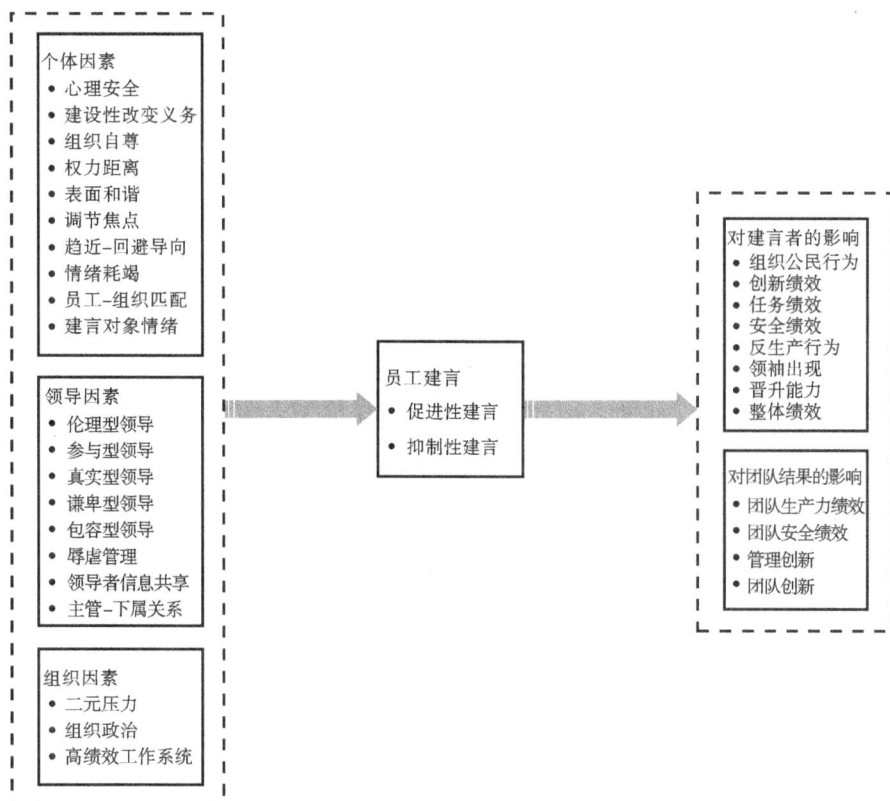

图 7 - 1　促进性和抑制性建言的前因和结果变量

7.4　促进性建言和抑制性建言的研究评述

通过以上研究综述,本研究发现目前关于员工促进性和抑制性建言的研究存在以下几方面的局限性。

第一,目前国内外学者主要聚焦于探究影响员工促进性和抑制性建言的个体和领导因素,但是他们均很少关注组织情境因素的作用,尤其是 CSR 的影响(于静静和赵曙明,2013;Wang 等,2019)。

第二,目前学者主要从个体心理学的视角来探究触发员工两种建言行为的潜在机制,其研究基础主要涉及个体心理学方面的理论。但是,现有研究尚未从组织伦理氛围的视角探究组织情境因素(例如,CSR)与员工两种特定类型建言(促进性和抑制性建言)行为之间的作用机制。

第三,与两种建言(促进性和抑制性建言)的前因变量研究相比,影响员工两种建言的边界条件还相对有限。目前对促进性和抑制性建言边界条件的探究主要集中在个体差异方面,从领导或组织层面特征的视角来探究其边界条件的研究仍然非常有限。

7.5 本 章 小 结

(1)本章探讨了员工两种不同建言(促进性建言和抑制性建言)的概念和维度。

(2)本章从个体因素、领导因素和组织因素的视角探讨了员工促进性建言和抑制性建言的前因。通过文献回顾,我们发现现有研究主要是从员工个体差异和领导风格的视角探讨了员工建言的影响因素,但在很大程度上却忽视了组织层面因素。

(3)本章也回顾了员工建言的影响效应,主要是探讨了员工建言对建言者自身结果(如工作绩效、反生产行为)和对团队安全绩效及生产绩效等结果变量的影响。

(4)最后,本章指出了员工建言方面的局限性以及未来研究方向。

第八章 组织伦理氛围研究

8.1 伦理氛围的概念与维度

自从 Victor 和 Cullen(1987,1988)提出组织伦理氛围的概念及研究框架以来,关于伦理氛围的研究蓬勃发展起来。作为一种特定的组织氛围,组织伦理氛围是指组织成员针对哪些行为是符合伦理规范的行为以及如何处理伦理问题的共同感知(Victor 和 Cullen,1987;张晓怿 等,2016)。之后,Victor 和 Cullen(1988)将伦理氛围定义为组织成员对具有伦理内容的典型组织实践和程序的普遍看法。尽管措辞略有不同,但这两种定义都突出了组织在塑造员工伦理行为方面所发挥的重要作用。组织伦理氛围在组织成员认为某些形式的道德推理或行为是公司内部决策的预期标准或规范时出现(Newman 等,2017)。

学者在规范伦理学和道德认知发展阶段学的基础上,将组织伦理氛围划分为伦理判断标准与分析层次两个维度(吴红梅,2005)。他们认为组织伦理氛围可以从伦埋的分析层次(个人、组织和社会)以及伦理判断标准(利己、仁慈和原则)进行分类,从而在理论上提出九种可能存在的组织伦理氛围(Newman 等,2017),如利己导向、友谊、个体道德、企业盈利、团队利益及法律法规等(Victor 和 Cullen,1988;马璐和杜明飞,2014),如表 8 - 1 所示。

表 8 - 1 伦理氛围的理论类型

		分析层次		
		个人	组织	社会
伦理标准	利己主义	自利	企业盈利	效率
	仁慈	友谊	团队利益	社会责任
	原则	个体道德	企业规则和程序	法律和专业守则

有学者质疑 Victor 和 Cullen(1987,1988)的理论框架是否能够捕捉伦理氛围这一概念的真正广度(Arnaud,2010)。为了回应这一批评,Arnaud(2010)根据四因子认知发展模型,提出了更广泛的组织伦理氛围理论模型。他将组织伦理氛围定义为反映了社会系统中成员普遍的道德价值观、规范、态度、情感和行为的内容和强度。这一概念不仅抓住了 Victor 和 Cullen(1987,1988)理论框架的道德判断维度,还涵盖了道德决策过程的其他方面,即集体道德动机、道德品质和道德敏感性。具体地,他们根据伦理决策的四构件模型,提出了伦理氛围的四种组成成分:集体道德敏感性(包括道德意识和移情规范)、集体道德判断(包括关注他人和关注自我氛围)、集体道德动机和集体道德品质(Arnaud,2010;Arnaud 和 Schminke,2012)。由于伦理氛围是通过影响道德决策制定的过程来影响员工行为的,而员工在制定道德决策时会运用道德判断过程。因此,集体道德判断是伦理氛围的基础。关注自我氛围是指组织成员的决策目的是为了个人利益,而不考虑决策可能给他人造成的影响;关注他人氛围是指组织成员不仅关心组织的整体利益,而且考虑道德决策对社会造成的影响。

8.2 伦理氛围的前因变量

尽管学者对伦理氛围前因变量的关注远远少于其结果变量,但自从 Martin 和 Cullen(2006)进行元分析以来,关于伦理氛围前因变量的实证研究不断增多。目前,实证研究所探讨的伦理氛围前因主要包括领导行为、组织因素(例如组织实践、组织和文化背景)及个体差异等方面(Newman 等,2017)。

8.2.1 领导行为

目前,伦理氛围前因方面的研究主要将领导力作为培养伦理氛围的关键变量。学者通常运用社会学习理论来解释领导者通过为员工树立角色典范,继而影响组织的伦理氛围(Newman 等,2017)。Martin 和 Cullen(2006)的元分析主要介绍了 2006 年之前的少数研究,这些研究侧重于将领导力作为伦理氛围的前因。自此以后,越来越多的研究检验了特定的领导风格(例如伦理型领导)对伦理氛围的影响。根据社会信息处理理论和社会学习理论,学者提出伦理型领导能够通过塑造伦理氛围,继而影响员工的违规行为(Mayer 等,2010)。相似地,Lu 和 Lin(2014)采用台湾国际港口公司 128 位受访者的调研数据,检验了伦理型领导通过伦理氛围来影响员工的伦理行为。也有研究表明,伦理型领导能够提高员工对组织伦理氛围的感知,继而影响他们的离职倾向和情感承诺

(Demirtas 和 Akdogan,2015)。国内学者石磊(2016)探讨了道德型领导对组织伦理氛围的影响。他们的研究结果表明:道德型领导能够增强关怀和规则型组织伦理氛围,并且能够减弱自利型组织伦理氛围。一些学者还探究了高层管理者的伦理型领导风格对组织伦理氛围的塑造作用(Shin 等,2015;Hansen 等,2016)。

研究人员还探究了其他领导风格对伦理氛围的影响,包括工具型领导(Mulki 等,2009)、家长式领导的仁慈和道德层面等(Otken 和 Cenkci,2012;Cheng 和 Wang,2015;刘冰等,2017)。例如,国内学者刘冰等(2017)的研究表明,家长式领导中的威权领导维度能够增强自利导向的伦理氛围,减弱规则导向的伦理氛围,仁慈与威权领导的交互作用以及德行与威权领导的交互作用均可以削弱自利导向的伦理氛围,但是并没有对规则导向的伦理氛围产生影响。

总之,在过去的十年中,越来越多的学者对特定的领导风格如何影响伦理氛围进行了探讨。

8.2.2　组织因素

Martin 和 Cullen(2006)在元分析中强调,早期的实证研究将组织情境作为伦理氛围的重要预测变量。此类研究表明,伦理氛围在以利润为导向的组织和非营利组织之间均存在显著差异。自此之后,研究人员开始探讨企业类型在伦理氛围方面存在的显著差异。例如,Duh 等(2010)发现:与非家族企业相比,家族企业中的关怀氛围和法律法规氛围更强;但是,家族企业和非家族企业之间在其他伦理氛围方面没有显著差异。Malloy 和 Agarwal(2010)发现,尽管社会关怀是非营利组织中最明显的氛围,但个人关怀是政府部门中最明显的氛围。他们还发现,尽管在这两个部门中都表现出独立型和效率氛围,但工具型和法律法规氛围主要出现于政府部门,规则氛围主要存在于非营利组织之中。Weber 和 Gerde(2011)发现,组织环境可以影响军队的伦理氛围。具体而言,他们发现风险和环境不确定性水平越高,各工作单位之间的任务相互依赖性越大,关怀型和工具型氛围就越强。

Martin 和 Cullen(2006)的元分析并没有关注组织实践与伦理氛围之间的关系。之后,学者们开始探究组织实践(人力资源管理实践)对伦理氛围的影响(Newman 等,2017)。借鉴企业资源基础观,学者在理论上提出了人力资源管理系统如何影响五种伦理氛围(工具型、关怀型、独立型、法律法规氛围及规则氛围)的一系列命题(Manroop 等,2014;Manroop,2015)。Guerci 等(2015)的实证研究基于能力-动机-机会(Ability-Motivation-Opportunity,AMO)框架,探究了人力资源管理实践对组织伦理氛围的影响。具体而言,他们采用欧洲六个国家及地区的 6 000 名员工样本,分析了人力资源管理实践如何影响组织内部的伦理氛围(仁慈型、原则型和利己主义),还进一步检验了员工对企业可持续发展的感知在其中可能起到的调节作用。他们的研究结果表明,提高能力的实践(即招聘、选拔和培训)和提高机遇的实践(即工作设计、行业关系和员工参与)能够增强仁慈型和原则型的组织伦理氛围,而提高动机的实践(即绩效管理、薪酬和激励措施)与利己主义氛围相关。此外,员工对企业可持续发展的感知在以上关系中起调节作用。Goebel 等(2017)通过对 295 家大中型企业的调研发现,非正式控制手段是构成组织控制环境的重要因素,人事控制和文化控制都旨在提高对道德问题的集体意识,继而形成伦理型工作氛围。Otaye - Ebede 等(2019)基于社会认知理论,探究了工作场所精神对个体和组织结果的影响。他们通过对英国一家零售企业 51 个分公司的数据进行分析发现:工作场所精神与伦理氛围、亲社会动机和道德判断均呈正相关关系;个体层面的伦理氛围在工作场所精神与亲社会动机、工作场所精神与道德判断之间起中介作用;分公司层面汇聚的伦理氛围与分公司的帮助行为、服务绩效密切相关。

尽管研究已经开始关注组织实践对伦理氛围的影响,但鉴于组织环境的复杂性以及组织政策和实践的普遍性,学者呼应未来研究者需要更加关注组织政策或程序在在塑造伦理氛围方面所发挥的重要作用(Manroop,2015)。

8.2.3 个体因素

早期的研究主要将组织或外部因素作为伦理氛围的前因变量,但是很少关注个体差异(Martin 和 Cullen,2006;Newman 等,2017)。Domino 等(2015)的研究发现,员工的个体因素(例如,控制点、频繁更换工作的历史及对组织伦理氛围日益适应的感知)能够影响他们对伦理氛围的感知。

与其他因素相比,探究个体差异对组织伦理氛围影响的研究还非常有限(Newman 等,2017)。

8.3　伦理氛围的结果变量

在过去的十年中,关于伦理氛围结果变量的研究蓬勃发展。这些结果变量可以分为四类:工作态度、伦理结果、心理状态及行为结果。

8.3.1　工作态度

早期关于伦理氛围结果变量的研究主要探讨了不同伦理氛围与工作态度

(例如,组织承诺和工作满意度)之间的关系(Martin 和 Cullen,2006)。Martin 和 Cullen(2006)的元分析表明,关怀型氛围与两个变量(组织承诺和工作满意度)之间都存在正相关关系,而工具型氛围与这两个变量显著负相关。之后的研究延续这项元分析,继续探究了伦理氛围与工作态度之间的关系,这项研究总体上支持了元分析的发现(Kim 和 Miller,2008;Wang 和 Hsieh,2012)。例如,Wang 和 Hsieh(2012)的研究表明,员工感知的工具型氛围与工作满意度负相关,而另外两种氛围(关怀型氛围和规则型氛围)与工作满意度负相关。采用伦理氛围整体度量的研究发现,伦理氛围与工作态度(例如,组织承诺和工作满意度)之间呈正相关关系,而伦理氛围与离职倾向之间呈负相关关系(Demirtas 和 Akdogan,2015)。Teresi 等(2019)基于社会认同理论,探讨了两种伦理氛围(自利型和友善型伦理氛围)对员工离职倾向的影响。

伦理氛围也能够积极影响员工其他的工作态度,包括个体与组织匹配(Lopez 等,2009)、组织认同(DeConinck,2011)等。Cheng 和 Wang(2015)检验了伦理氛围对团队认同的影响,他们的研究发现:虽然仁慈型和原则型氛围均与团队认同显著正相关,但利己型氛围与团队认同显著负相关。还有研究探讨了伦理氛围匹配对员工工作态度的影响。例如,Ambrose 等(2008)发现,个体道德和组织道德之间的匹配能够提高员工的组织承诺和工作满意度,并且降低他们的离职意图。相似地,Domino 等(2015)发现,员工的伦理氛围匹配与工作满意度、组织承诺显著正相关。Nedkovski 等(2017)基于归因理论和社会交换理论,探究了组织伦理氛围的三种类型(仁慈型、原则型和利己型氛围)如何影响员工对同事、上司和组织的信任。

总之,Newman 等(2017)的文献回顾表明,伦理氛围对员工工作态度的影响仍然是学者的研究重点。最近的研究通过探讨伦理氛围如何预测组织承诺或工作满意度的不同维度来扩展这一领域的知识。

8.3.2 伦理结果

学者广泛探讨了伦理氛围对员工道德行为以及不道德行为的影响。例如,Mayer 等(2010)的研究发现,伦理氛围与员工的违规行为显著负相关。Hsieh 和 Wang(2016)的研究表明,伦理氛围能够减少员工的组织越轨行为。Lu 和 Lin(2014)探究了伦理氛围对员工伦理行为的影响。Deshpande 和 Joseph(2009)根据社会学习理论发现,在所有伦理氛围类型中只有独立型氛围与员工的伦理行为显著正相关。Fu 和 Deshpande(2012)在中国国有钢铁企业背景下,探讨了影响员工伦理行为的因素。他们的研究发现,只有规则氛围对被调查者的伦理行为有显著影响,其他伦理氛围类型(专业型、关怀型、工具型、独立型和效率型)并不影响被调查者的伦理行为。Arnaud 等(2012)的研究发现,关注自我氛围对伦理行为产生消极影响,但是关注他人氛围却无法预测伦理行为,由此扩展了行为可塑性理论。

同时,学者开始探究伦理氛围对其他伦理结果的影响,包括道德意识和公正规范等。VanSandt 等(2006)的研究发现,尽管仁慈型或原则型氛围能够对道德意识产生积极影响,但是利己型氛围会对道德意识产生消极影响。Lau 和Wong(2009)的研究发现,当在利己型氛围中工作时,员工更偏好分配公正;在原则型氛围中工作时,员工更倾向于程序公正;在仁慈型氛围中工作时,员工对分配公正的偏爱程度较低。

总之,最近学者已经开始更详尽地探讨不同的伦理氛围对工作中各种伦理结果的影响。

8.3.3　心理状态

在过去的十年中,也有一些学者开始探究伦理氛围对员工心理状态的影响。Jaramillo 等(2013)的研究发现,强调遵守道德规范的伦理氛围会导致更高水平的正念体验,从而减少压力感知。也有学者发现,伦理氛围感知(仁慈型、利己型和原则型)激发了一种富有同情心的心理过程(例如移情关怀、正念、善良和博爱)。

尽管这一领域中的研究日渐增多,但与其他结果变量相比,伦理气氛与心理状态之间关系的研究仍然极其有限。

8.3.4　行为结果

自从 Martin 和 Cullen(2006)强调,伦理氛围与绩效等结果变量之间关系的研究还很稀缺以来,在不同分析水平上探究该问题的研究蓬勃发展。现有研究已经探讨了伦理氛围与工作绩效之间的关系及其中介机制。研究发现,伦理氛围通过培养员工的正念继而提高他们的工作绩效(Jaramillo 等,2013)。学者还探究了伦理氛围对员工角色外行为的影响。例如,Leung(2008)基于社会交换理论发现,虽然关怀型、法律和规范氛围与组织公民行为显著正相关,但工具型和独立型氛围与员工的组织公民行为显著负相关。Wang 和 Hsieh(2013)的研究发现,尽管关怀型和独立型氛围均与两种沉默(默许性和防御性沉默)负相关,但是工具型氛围与默许性沉默正相关。他们还发现,三种伦理氛围(工具型、关怀型和独立型氛围)通过影响员工对组织支持的感知,继而影响两种沉默行为(默许性和防御性沉默)。

通过探究伦理氛围对团队和组织层面绩效等结果的影响，Arnaud(2010)发现员工对伦理氛围的集体感知与组织绩效正相关。Shin(2012)和 Shin 等(2015)基于制度理论和社会学习理论，探究了伦理氛围对员工角色内和角色外绩效的影响。具体而言，Shin(2012)的研究证实，员工对组织内伦理氛围的总体感知与集体组织公民行为显著正相关。Shin 等(2015)发现，伦理氛围通过增强企业内部的公正氛围，促进了更高水平的客观财务绩效和集体组织公民行为。Vardaman 等(2014)认为，某些伦理氛围可能会促进亲社会违规，而其他伦理氛围可能会减少亲社会违规。Kuenzi 等 (2020)的研究认为组织伦理氛围负向预测了组织层面的不道德行为。学者还探究了伦理氛围对员工消极行为的影响。Bulutlar 和 Oz(2009)研究表明，虽然规则型氛围与工作中欺凌行为的多个维度显著负相关，但工具型和获利型氛围都与工作欺凌行为显著正相关。Pagliaro 等(2018)根据社会认同理论探究了不同伦理氛围(自利型和友善型伦理氛围)如何通过影响组织认同和道德脱离，继而影响员工的组织公民行为和反生产行为。

总之，自 Martin 和 Cullen(2006)进行元分析以来，探究伦理氛围与员工工作行为之间关系的研究不断激增。这些研究表明，伦理氛围会影响一系列的行为结果，包括员工的工作绩效、角色外绩效以及组织绩效和创新等(Newman 等，2017)。关于伦理氛围前因和结果变量的研究综述，如图 8-1 所示。

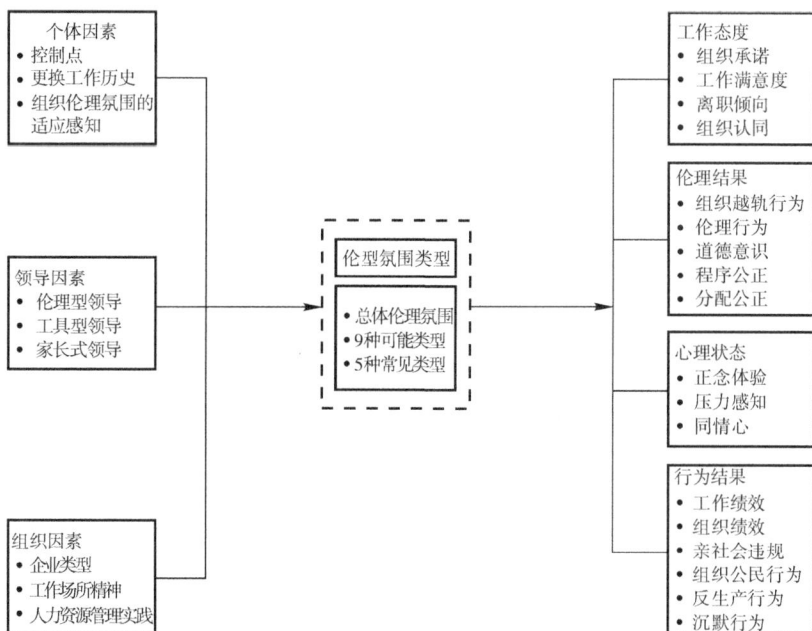

图 8-1　组织伦理氛围的前因和结果变量

8.4 伦理氛围研究评述

通过重点回顾组织背景下伦理氛围前因和结果变量的研究,本研究发现在该领域还存在以下几方面的局限性:

(1)以往实证研究主要验证 Victor 和 Cullen(1988)提出的伦理氛围类型,这是目前衡量伦理氛围的研究中应用最广泛的标准。Arnaud(2010)基于三个不同样本的实证数据,开发了测量伦理氛围的替代指标。这一量表为测量伦理氛围的多维性质提供了理论基础,因此学者呼吁使用 Arnaud(2010)开发的量表(Macklin 等,2015;Newman 等,2017)。

(2)在伦理氛围的结果变量方面,现有研究主要聚焦于员工的工作态度、伦理结果以及其他行为结果等方面。学者呼吁进一步探究伦理氛围的新结果变量,例如员工的促进性和抑制性建言(Schneider 等,2013)。

8.5 本 章 小 结

(1)本章探讨了组织伦理氛围的概念和不同维度。

(2)本章从个体因素、领导因素和组织因素的视角探讨了组织伦理氛围的前因。通过文献回顾,我们发现现有研究对不同维度组织伦理氛围的前因探究还非常有限。

(3)本章也回顾了组织伦理氛围的影响效应,主要探讨了组织伦理氛围对员工工作态度、伦理结果、心理状态和个体行为的影响。

(4)最后,本章指出了组织伦理氛围研究方面的局限性以及未来研究方向。

第九章 谦卑型领导研究

9.1 谦卑型领导的概念

随着企业外部环境越来越难以预测,特别是一系列公司丑闻事件不断被媒体曝光,企业领导者的能力、诚信不断受到挑战,甚至深陷信任危机,传统"自上而下"的领导风格已经跟不上时代的发展。有学者指出,领导者应该摒弃"伟人"的概念,保持思想开放,了解自身知识和经验的局限性,并且关注下属对领导的影响(冯镜铭等,2014;Wang 等,2017)。近几年来,学者更加关注"自下而上"的领导类型,包括公仆型领导和共享型领导等(Morris 等,2005)。这些"自下而上"的领导者并不把自己视为"金字塔"顶端的人,而是将自身视为团队的根基,并且关注下属的成长与发展。研究指出,谦卑是这些"自下而上"领导类型的核心特征(Van Dierendonck,2011)。最近几年,学者逐渐把领导者的谦卑特征发展为一种独立的领导风格(Owens 和 Hekman,2012)。现有研究主要将谦卑型领导归纳为三种视角:宗教、特质及行为视角(冯镜铭 等,2014)。

(1)宗教视角。谦卑作为一种卓越的品质,在世界所有主流宗教中均有历史渊源,如基督教、佛教以及伊斯兰教等。他们都相信谦卑有助于人们获得智慧和成功(Wang 等,2017)。例如,基督教指出,谦卑是救赎的秘诀,是受造者的荣耀(毛江华、廖建桥、刘文兴,2016)。在我国,道家和儒家等传统文化均对谦卑思想非常认可和推崇。在儒家思想中,孔子提出了"克己复礼"的思想,谦卑作为"克己"的体现,在中国文化中得到了极大的发扬。从道家思想来看,《周易》第十五卦"谦卦"显示的是"地中有山",寓意山的巍峨收敛在土地之下,而不向外部张扬,这就是古人的谦卑思想(毛江华等,2016)。在道德经中,老子也指出谦卑的领导者是无敌的:"不自见,故明;不自是,故彰;不自伐,故有功;不自矜,故长。夫唯不争,故天下莫能与之争"。

(2)特质视角。目前,有学者将谦卑视为领导者与生俱来的品质或个性特征。例如,Morris 等(2005)指出领导者的谦卑包含自我意识、对新想法的开放态度以及自我超越。Nielsen 等(2010)认为,谦卑是一种积极的个体品质,反映了领导者了解自我(包括优点和局限性)的意愿,以及以他人为导向的人生观(认为自己不是宇宙的中心)。

(3)行为视角。这一视角主要认为,谦卑不是与生俱来的人格特质,而是领导者通过表现一系列行为来塑造的领导风格(冯镜铭等,2014)。Owens 和 Hekman(2012)提出了谦卑型领导的概念,他们认为谦卑型领导有三个维度:承认自身的局限性、过失和错误,赞赏下属的优势和贡献,树立谦虚好学的榜样。最近,Ou 等(2014)探讨了谦卑型 CEO 的影响。他们提出,谦卑的基础是承认世界上存在超越自我的事物,具体表现为:了解自己的弱点和局限,欣赏他人的贡献和优点,保持开放的心态以提升自己,追求自我超越并且保持低调。陈艳虹等(2017)在中国背景下开发了谦卑型领导的量表,包括 4 个维度:平易近人、欣赏他人、正确自我认知和开门纳谏。其中,平易近人反映了中国集体主义文化的特点。

事实上,谦卑型领导的这三种视角均有其合理之处,以致目前学术界对于这一概念并没有形成统一的定义。近几年,越来越多的学者呼吁管理研究应该重新回归管理实践(Whittington,2006)。为了顺应这一潮流,本研究主要基于谦卑型领导的行为视角来定义这一构念。

9.2 谦卑型领导的结果变量

目前,国内外学者主要关注谦卑型领导对下属、领导者自身及组织的影响。本研究从以下几个方面进行介绍。

9.2.1 谦卑型领导对下属的影响

有学者指出,谦卑型领导能够促进员工的心理自由和工作投入,并且提高他们的工作绩效(冯镜铭等,2014;Nielsen 和 Marrone,2018;杨陈等,2018;周建涛和廖建桥,2018)。Owens 和 Hekman(2012)通过对 55 位领导者的深度访谈发现,谦卑型领导能够增强员工的心理自由和工作投入。Owens 等(2013)通过多个研究,阐述了在组织中谦卑型领导对一些重要组织结果的影响,包括个体绩效和情境绩效(即团队成员的贡献率)、自我效能感、责任心、一般心理能力、满意度、学习目标导向、工作投入、工作满意度和自愿离职。Mao 等(2019)根据自我扩展理论,对来自多个时间点的 256 个领导者-下属配对数据进行分析发现,谦卑型领导能够触发下属的自我扩展,这种心理变化能够增强下属的自我效能感,进而提高下属的工作绩效;当领导者和下属的年龄、性别相似时,谦卑型领导与下属自我扩展之间的关系能够得到加强。

一些学者还探究了谦卑型领导与员工创新之间的关系(Wang 等,2017;雷星晖等,2015;王艳子等,2016;Wang 等,2018)。例如,Wang 等(2017)根据社会信息处理理论和情绪调节的过程模型,检验了谦卑型领导与员工创造力之间的关系。他们的研究发现,谦卑型领导通过提高员工的换位思考,继而影响他们的创造力。员工的认知重评在谦卑型领导与员工的换位思考之间起调节作用。Wang 等(2018)对 106 个团队中 328 名团队成员的分时段数据进行分析,结果表明:心理安全在谦卑型领导与下属创造力之间起中介作用;知识共享调节了心理安全与下属创造力之间的关系;当知识共享程度高时,心理安全在谦卑型领导与下属创造力之间所起的中介效应更强。

还有一些研究探讨了谦卑型领导与员工建言之间的关系(毛江华等,2017;张亚军等,2017;陈龙等,2018;Bharanitharan 等,2018;Lin 等,2019)。例如,Bharanitharan 等(2018)根据依恋理论,探究了谦卑型领导如何影响员工两种看似矛盾的建言行为(挑战性建言和防御性建言)。他们的研究表明,谦卑型领导通过提高下属的安全感(感到值得信赖和建言的自我效能感),继而提高员工的挑战性建言(增强应对变化的灵活性)和防御性建言(展现对变化的持久性)。Lin 等(2019)基于权力的趋近-抑制理论发现,个人权力感(即员工影响他人的能力)能够在谦卑型领导与员工建言之间起中介作用,并且当员工的权力距离较低时,这种关系更强。

最近,学者开始关注谦卑型领导与组织公民行为、反生产行为之间的关系(Carnevale 等,2019;Qin 等,2019)。具体地,Carnevale 等(2019)根据社会认同理论和社会交换理论,解释了谦卑型领导如何以及何时激励下属的亲社会性。他们采用中国一家大型互联网公司 233 位员工和 45 位经理的三阶段调研数据,得出以下结论:谦卑型领导通过培养下属对领导者的认同感,继而激励员工参与助人行为;只有当领导成员交换的差异化程度高时,这种间接作用才显著。Qin 等(2019)将个体与主管的匹配理论和平衡理论相结合,探究了主管和员工的谦卑(不)一致如何影响员工的组织公民行为和反生产行为。他们进行了多层次、多阶段和多来源的实证研究,采用多项式回归方法进行分析,结果表明:当主管和员工的谦卑水平不一致时,员工对主管的消极情绪更高。当主管和员工的谦卑水平一致时,员工对主管的消极情绪在主管和员工的谦卑水平高(与水平低时相比)时较低。结果进一步揭示了不对称的不一致效应:当员工的谦卑水平低于主管的谦卑水平时,员工对主管的消极情绪程度最高。他们还发现员工对主管的消极情绪中介了主管与员工的谦卑(不)一致对员工的组织公民行为和反生产行为的影响。

学者还探究了谦卑型领导的一些其他结果变量。例如,Zhu 等(2019)根据社会信息处理理论探究了谦卑型领导影响员工恢复力的潜在机制和边界条件。通过在中国进行的实证($N=434$)和实验研究($N=104$),他们发现:谦卑型领导通过同时提高促进焦点和内部人身份来增强员工的恢复力。国内学者谢清伦和郗涛(2018)探讨了谦卑型领导与员工主动承担责任行为之间的关系。他们的研究表明:谦卑型领导通过影响员工的角色宽度自我效能,继而影响他们的主动承担责任行为。同时,员工目标导向(绩效-接近导向和绩效-回避导向)能够调节角色宽度自我效能在谦卑型领导与员工主动承担责任行为之间的中介作用。

9.2.2 谦卑型领导对领导者自身的影响

谦卑型领导能够对领导者自身产生一系列影响。Morris 等(2005)的研究表明,谦卑型领导有助于形成支持性的领导-下属关系。Nielsen 等(2010)的研究表明,谦卑这一特质是提高魅力型领导有效性的重要前因。Sosik 等(2018)的研究表明,领导者的性格优势(即谦卑、同情和道德勇气)通过触发伦理型领导,继而提升领导者的积极结果(更高水平的心理繁荣和角色内绩效)。国内学者曲庆、何志婵和梅哲群(2013)的研究表明,谦卑型领导能够提高领导有效性和员工的组织认同。

9.2.3 谦卑型领导对组织结果的影响

目前研究主要探究了谦卑型领导对员工和组织结果变量的影响,如工作绩效(Owens 等,2013)、情感承诺(Ou 等,2014)和团队绩效(Owens 和 Hekman,2016)。表9-1列出了谦卑型领导的文献综述,展示了谦卑型领导的影响机制和结果变量。

表 9-1　谦卑型领导的文献综述

代表性文献	潜在理论视角及机制	结果变量
Owens 和 Hekman (2012)		下属职业发展路径合法化心理自由和下属参与
Owens 等(2013) Mao 等(2019)		个体绩效、情境绩效

续表

代表性文献	潜在理论视角及机制	结果变量
Wang 等（2017） Wang 等（2018）	社会信息处理理论： 换位思考、心理安全	员工创新
Bharanitharan 等（2018） Lin 等（2019）	依恋理论： 感到值得信赖、建言的自我效能感 权力的趋近-抑制理论： 个人权力感	员工建言
Carnevale 等（2019） Qin 等（2019）	社会认同理论： 下属对领导者的认同感 个体与主管匹配理论和平衡理论： 消极情绪	组织公民行为
Ou 等（2014）	社会信息处理理论： 授权型领导行为、 高层管理团队整合、 授权型组织氛围	工作参与 情感承诺 工作绩效
Owens 等（2016） Chiu 等（2016） Ou 等（2018） Rego 等（2017） Rego 等（2018） Rego 等（2019）	集体谦卑 集体促进焦点 共享型领导 团队心理资本	团队绩效 企业绩效
Liu 等（2017） Hu 等（2018）	团队的建言氛围	团队创新

Ou 等（2014）基于社会信息处理理论解释了谦卑型 CEO 的层级效应。即，谦卑型 CEO 通过影响授权型领导来促进高层管理团队整合，进而提高授权型组织氛围，最终影响中层管理者的反应（例如工作参与、情感承诺和工作绩效）。Ou 等（2017）的研究表明，谦卑型 CEO 会通过提升中层管理者的工作满意度来减少中层管理者的主动离职，而高层管理团队的断层会产生跨层次的调节效应，削弱了谦卑型 CEO 对中层管理者工作满意度的积极影响，以及工作不满意对中层管理团队主动离职的影响。

一些学者还探究了谦卑型领导对团队和企业绩效的影响（Ou 等，2018；Owens 和 Hekman，2016；Chiu 等，2016；邓志华和肖小虹，2018；代同亮等，2019）。例如，Owens 和 Hekman（2016）采用 161 个团队 607 个员工的数据，探究了谦卑型领导如何通过影响团队的互动模式，继而影响团队绩效。他们的理论模型表明，谦卑型领导能够帮助团队形成集体谦卑，继而提高集体促进焦点，最终提高团队绩效。

Chiu 等（2016）根据社会信息处理理论和适应性领导理论，提出谦卑型领导通过塑造团队中的共享型领导，继而提升团队工作绩效。他们还运用优势互补理论提出，团队主动性人格能够增强谦卑型领导对共享型领导的影响。当团队成员具备较高水平与任务相关的能力时，共享型领导与团队绩效的相关性更强。

Ou 等（2018）采用美国计算机行业 105 家中小型企业的多阶段数据，根据高层梯队理论、权力理论和悖论理论，提出了谦卑型 CEO 与企业绩效之间的中介模型。他们认为，谦卑型 CEO 与高层管理团队之间更有可能进行合作、分享信息、共同决策，并且拥有共同愿景。企业 CEO 和高层管理团队之间的薪酬差距也将趋于缩小。他们更有可能采取一种双重战略定位，继而提高企业绩效。

一些研究还探讨了谦卑型领导如何以及何时能够提高团队绩效（Rego 等，2017；Rego 和 Simpson，2018；Rego 等，2019；蔡地等，2018）。Rego 等（2017）通过对 82 个团队（82 名领导和 332 名团队成员）的数据进行分析发现，谦卑型领导的水平和强度可以预测团队绩效。具体而言，谦卑型领导的水平能够提高团队谦卑，继而提升团队心理资本，最终提高团队绩效；而谦卑型领导的强度、团队谦卑的强度以及团队心理资本的强度在其中起调节作用。Rego 和 Simpson（2018）探究了自评和他评的谦卑型领导对团队效能的影响，以及平衡性信息处理（balanced processing of information）在二者之间的中介作用。Rego 等（2019）基于社会信息处理理论，通过在中国、新加坡和葡萄牙进行三项研究（实验研究，多来源的实证研究，以及多来源、多阶段的实证研究），探究了谦卑型领导如何促进团队心理资本的发展，从而提高团队任务分配的有效性以及团队绩效。

还有一些学者探究了谦卑型领导对团队创新的影响（Liu 等，2017；Hu 等，2018；刘圣明等，2018）。Liu 等（2017）根据社会信息处理理论，探究了谦卑型领导对团队创新的影响。他们的研究结果表明，谦卑型领导通过培养团队的建言氛围继而增强团队创新能力，任务相互依赖性在以上关系中起调节作用。

9.3　谦卑型领导研究评述

通过对谦卑型领导的文献综述,本研究发现目前研究还存在以下几方面的局限性:

(1)尽管以往的研究主要关注谦卑型领导对个体及组织的影响作用(Wang等,2018),但谦卑型领导的优势还有待进一步发掘。学者呼吁需要进一步探究谦卑型领导与亲社会行为、CSR 等变量之间的关系(毛江华等,2016)。

(2)现有研究主要基于社会信息处理理论探讨谦卑型领导对个体行为的影响,尚未将谦卑型领导作为一种影响员工对组织实践做出反应的边界条件。例如,谦卑型领导是否能够通过影响员工对 CSR 实践的反应来影响他们的行为。这些问题都值得学者进一步思考和探索。

9.4　本章小结

(1)本章探讨了谦卑型领导的概念和不同理论视角。

(2)本章回顾了谦卑型领导的影响效应,主要是探讨了谦卑型领导对员工结果、领导者自身行为和组织结果变量的影响。

(3)最后,本章指出了谦卑型领导研究方面的局限性以及未来研究方向。

第十章 企业社会责任与员工建言行为的影响机制研究

本书之前的章节对企业社会责任与人力资源管理研究所涉及的主要变量进行了文献回顾和综述，并指出了现有研究中存在的不足。为了填补这些研究不足，推动微观层面 CSR 潜在机制和边界条件的研究进展，本书拟将 CSR 与员工的两种建言（促进性和抑制性建言）行为联系起来。基于组织伦理氛围理论，将两种特定类型的伦理氛围（关注他人和关注自我氛围）引入 CSR 与员工不同建言行为的研究中来。基于伦理氛围的多体验模型和线索一致性理论，将谦卑型领导和 SRHRM 引入员工对 CSR 反应的边界条件中来。因此，本书对以往中研究存在的不足进行了补充，为后续开展研究提供了新的方向。

10.1　研究模型构建

当今社会，科技高速发展，市场瞬息万变，竞争越来越激烈。为了成功应对这些挑战，越来越多的企业开始重视听取员工的意见和建议，倡导员工建言献策。员工建言不仅能够帮助企业及时发现和解决问题，而且能够为企业提供创造性的解决方案，使企业实现持续的生存和发展。目前很多企业采取一系列措施以促进员工建言。例如，IBM 通过设置直言不讳（Speak up）通道来鼓励员工畅所欲言。华为公司通过"心声社区"鼓励员工指出企业在经营管理中存在的问题并为企业发展建言献策。还有一些企业甚至为提出好建议的员工提供物质奖励等。但是，这些措施有时却收效甚微，很多员工对建言的参与度并不高。特别是受到我国"君子欲讷于言而敏于行"和"祸从口出，言多必失"等儒家思想的影响，员工在实际工作中普遍存在着"知而不言""睁一只眼闭一只眼"的现象。如果员工没有及时指出企业存在的破环性问题或提出建设性意见，则可能对组织造成严重的负面影响，甚至引发灾难，例如，美国安然公司的倒闭、哥伦比亚号航天飞机爆炸事件以及墨西哥湾原油泄漏事件等。员工建言能够帮助企业进行创新并成功适应动态的商业环境。因此,探究如何提高员工的建言行为具有重要意义。

研究表明,员工建言能够给员工自身和组织带来积极的结果。例如,建言不仅可使员工在工作中具有很高的可见度,而且能够促进团队学习、改进工作流程和预防企业危机等(Liang 等,2012)。但建言在本质上却非常具有挑战性,可能会对员工自身造成负面影响。例如,建言可能会使员工被误解为问题制造者并受到同事的报复(Lin 和 Johnson,2015)。因此,建言反映了员工深思熟虑的决策过程,在此过程中他们会考虑建言的积极和消极后果(Wei 等,2015)。自从 Liang 及其同事将建言划分为促进性和抑制性建言两个维度以来,学者开始从这一新视角重新审视员工建言的研究结论。

促进性和抑制性建言都是对现状构成挑战,并且均旨在使组织受益,这两种建言的不同之处主要体现在以下三个方面。

(1)这两种建言的行为内容不同。即促进性建言聚焦于实现组织的理想状态,而抑制性建言则聚焦于帮助组织预防损失。促进性建言的内容必须是未来导向的,因为它聚焦于将来把事情做得更好的方式;而抑制性建言则兼具过去导向和未来导向,因为抑制性建言可以引发人们关注已经对组织现状造成损害的潜在因素。

(2)关于两种建言的功能,促进性建言需要员工指出使组织运作更有效的方式,而抑制性建言则需要员工指出对组织造成损害的因素,但是不必为所表达的意见提供清晰的解决方案。

(3)这两种建言在对他人的影响方面存在差异。尽管促进性建言的创新方面可能意味着会对利益相关者在短期内带来一些不便(例如工作量增加),但此类变化带来的改善最终将使整个社区受益。相反,通过引起人们对损害因素的注意,抑制性建言必然暗示了负责人的失误。因此,抑制性建言可能会引发同事和主管之间的冲突和负面情绪,破坏工作场所内部的人际和谐。由于这两种建言形式对他人的影响不同,重要利益相关者对促进性和抑制性建言的看法可能大不相同。Wei 等(2015)的研究表明,感知的有效性比感知的风险对促进性建言的影响更显著,而感知的风险比感知的有效性对抑制性建言的影响更显著。

尽管学者已经探究了激励员工进行建言的个体和情境因素(Detert 和 Burris,2007;Burris 等,2008),但是,他们在很大程度上忽略了 CSR 的影响。CSR 涉及旨在改善员工、社会和环境等不同利益相关者福利的各种实践活动(Farooq 等,2017)。当员工认为他们的企业对社会负责时,他们可能会相信提出促进性和抑制性建言是有效的并且风险较低。本研究主要探讨 CSR 与员工两种建言(促进性和抑制性建言)之间的关系,继而提出本研究的理论模型。

这一部分通过简要概述本研究的理论基础以及变量之间的逻辑关系,构建本研究的理论模型,为进一步开展假设论证奠定理论基础。

(1)本研究通过探索 CSR 是否能够影响不同类型的员工建言(促进性和抑制性建言)来引出本研究的理论模型。

(2)根据伦理氛围理论,组织实践是塑造组织伦理氛围的重要因素,而伦理氛围能够指导和影响员工后续的行为。伦理氛围的类型(例如关注他人和关注自我氛围)取决于组织性质和组织情境。因此,本研究基于伦理氛围理论,提出组织实践(CSR)能够通过塑造不同类型的伦理氛围(关注他人和关注自我氛围),进而影响员工后续的行为(促进性和抑制性建言)。通过引入两种不同类型的组织伦理氛围(关注他人和关注自我氛围),本研究揭示了 CSR 影响员工不同建言行为(促进性和抑制性建言)的双路径作用机制。

(3)根据伦理氛围的多体验模型,员工会"向外看"CSR 信息以判断企业是否公正地对待外部利益相关者,"向上看"他们的领导行为,以及"向内看"企业内的社会环境(例如,员工自身是否受到公平对待以及 CSR 在企业内部是否能够得到有效贯彻和执行等),从而形成对伦理氛围的感知。尽管这一模型暗示着 CSR 在帮助员工形成对伦理氛围的感知时,会受到员工"向上看"谦卑型领导并且"向内看"SRHRM 的影响,但是这一笼统的模型尚不能清楚地阐明这些调节效应的方向(例如积极效应还是消极效应)和强度等具体调节作用机理。

为了弥补这一不足,本研究引入了线索一致性理论。该理论认为,当有关某个社会实体的多个信息源或信息线索一致时,这些信息线索对个体态度和行为的影响可以是线性集成的,这意味着可以将这些信息线索相加并取平均值以预测个体的态度和行为。而当多个线索发出的信息不一致时,个体会倾向于把注意力集中在更消极的信息上,进而削弱了他们对这些信息线索的积极反应(De Roeck 等,2016)。整合伦理氛围的多体验模型和线索一致性理论,本研究探究了员工感知到不同程度的谦卑型领导和 SRHRM 时,CSR 如何影响两种不同类型的伦理氛围(关注他人和关注自我氛围)。

(4)本研究进一步探究了谦卑型领导和 SRHRM 如何调节两种伦理氛围在 CSR 与员工建言行为之间的中介效应,进而提出了被调节的中介模型,如图 10-1 所示。

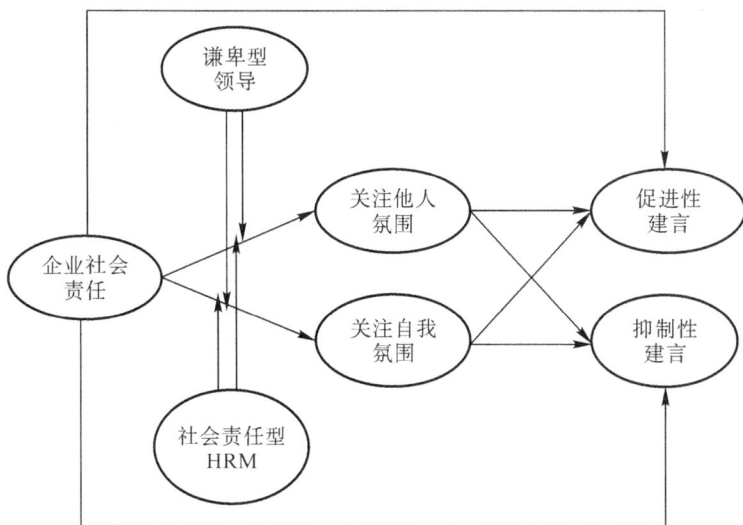

图 10-1 理论模型

10.2 研究假设

10.2.1 CSR 与员工两种建言

尽管促进性和抑制性建言均旨在使组织受益,但是这两种建言也存在显著差异。促进性建言是未来导向的,聚焦于实现组织的理想状态,需要员工提出建设性的解决方案,并且从长远来看对他人的影响是积极的。而抑制性建言则兼具过去导向和未来导向,聚焦于帮助组织预防损失,需要员工指出对组织造成损害的问题,容易引发人际冲突。员工在选择进行建言之前,会充分考虑建言的积极和消极后果(Morrison,2011)。建言方面的综述研究明确指出,员工在做出是否进行建言的判断时会重点关注两方面的因素:第一,有效性。即员工对参与建言是否能够带来理想效果的有效性感知。第二,安全或风险。即员工对参与建言是否会对自己与他人的关系产生负面影响的感知(Morrison,2014)。Liang等(2012)的研究表明心理安全感是影响抑制性建言的最重要因素。同时,研究也表明,如果员工认为建言是有效并且低风险的,他们往往会进行促进性和抑制性建言(Wei等,2015)。并且,感知的有效性比感知的风险对促进性建言的影响更显著,而感知的风险比感知的有效性对抑制性建言的影响更显著。本研究基于以下几方面的原因阐述 CSR 与员工两种建言(促进性和抑制性建言)之间的关系。

首先,CSR 能够使员工相信在他们的组织中表达自己的建议和担忧是有效的。研究表明,员工会寻找信息线索以确认在工作环境中表达建议和担忧是否能够被认可和接受(Wei 等,2015)。CSR 重点关注多个利益相关者(例如社区、环境、消费者和员工等)的福祉和特定需求(Vlachos 等,2014)。这种对社会负责的活动向员工传递了这样的信息:他们所在的组织以一种重视人类尊严和自我价值的道德方式行事(Bauman 和 Skitka,2012)。在这种情况下,员工会推断出他们的组织重视他们,包括重视他们提出的建议和担忧(Farooq 等,2017)。研究表明,CSR 在一定程度上向员工传递了企业公正、道德、共享和关怀等价值观,更可能满足员工的心理需求(例如,尊重需求和有意义的生存需求),增强了员工感知到的尊重和组织认同。因此,CSR 能够向员工发出他们所在的组织倾听并且重视员工提出的建议和担忧的信息线索,使员工相信他们的建言行为是有效的,从而激励员工进行两种类型的建言(促进性和抑制性建言),特别是与感知有效性更密切相关的促进性建言。

其次,CSR 能够降低员工在表达建议和担忧方面所感知的风险。研究表明,员工会寻找将建言与个人风险联系起来的情境线索。只有在评估了潜在的个人收益和风险之后,员工才会选择是否表达他们的建议和担忧(Liang 等,2012)。CSR 作为一种"第三方公正",提供了一种关于员工自身在组织中将会受到何种对待的社会情境信息,从而影响员工后续的行为(Rupp 等,2013)。当员工感知到组织能够仁慈地对待多个利益相关者时,他们倾向于相信所在的组织致力于促进自由、合作以及仁慈的工作环境,从而显著降低了员工感知到的与建言相关的潜在风险(Hansen 等,2016;Hur 等,2018)。同时,CSR 能够满足员工的心理安全需求,使员工相信他们自身并不会受到企业的剥削和压榨,将自己的时间、精力和想法投入到所在的企业中是安全的。因此,CSR 能够激励员工进行两种类型的建言(促进性和抑制性建言),特别是与感知的风险更密切相关的抑制性建言。因此,本研究提出以下假设:

假设 1a:企业社会责任对促进性建言具有正向影响。

假设 1b:企业社会责任对抑制性建言具有正向影响。

10.2.2 关注他人氛围的中介效应

根据组织伦理氛围理论,本研究认为企业社会责任可以影响关注他人氛围,进而指导员工后续的行为(例如进行促进性和抑制性建言)。

首先,企业社会责任能够塑造关注他人氛围。根据组织伦理氛围理论(Arnaud,2010;Arnaud 和 Schminke,2012),组织实践是影响组织伦理氛围的主要前因变量(Hansen 等,2016)。当员工认为某些形式的道德推理或行为是公司内部决策的预期标准或规范时,伦理氛围就会形成(Martin 和 Cullen,2006)。伦理氛围的类型取决于组织的性质和组织情境。根据这一理论,企业社会责任能够提高员工对关注他人氛围的感知。

一方面,企业社会责任是员工判断组织伦理规范的强有力的情境线索(Hansen 等,2016)。企业社会责任表达了组织的价值观,如温暖、共享和道德等(Vlachos 等,2014)。这些价值观向员工传达了这样的信息线索:组织的决策和行为是以他人的利益和福祉为导向的。之前的研究也为这一论点提供了一些间接证据。例如,有学者指出,以伦理为导向的人力资源管理实践与仁慈型组织伦理氛围显著正相关(Guerci 等,2015)。

另一方面,企业社会责任是员工判断组织道德性质的强有力的情境线索(Bauman 和 Skitka,2012)。企业社会责任是建立在规范性对待的基本伦理假设基础之上的(Rupp 等,2006),这一假设涉及超越自我利益的道德驱动因素。企业社会责任关注改善多个利益相关者的福祉和利益,会向员工发出这样的信息线索:他们所在的组织通过考虑他人的利益和福祉来做正确的事情(Hansen 等,2016;El Akremi 等,2018)。

其次,关注他人氛围鼓励员工表达他们的建议和担忧。基于伦理氛围理论,伦理氛围能够指导员工在组织中做正确的事情并且影响他们后续的行为(Newman 等,2017)。关注他人氛围能够鼓励员工从利他的视角出发来行事(Arnaud 和 Schminke,2012)。当员工处于关注他人氛围中时,他们可能会为共同利益而行动。因此,关注他人氛围可能会使员工感到有义务表达他们的建议和担忧,以促进组织的共同利益。

一方面,关注他人氛围可能会通过提高感知的有效性来鼓励员工使用促进性和抑制性建言。关注他人氛围能够促进员工对自我价值的认知,并且强调他们贡献的价值(Carmeli 等,2017)。因此,处于关注他人氛围中的员工可能会认为他们的组织重视他们的建议和担忧。另一方面,关注他人氛围可能会通过降低感知的风险来激励员工进行建言。研究表明,关注他人氛围能够提高员工感知的仁慈规范(Cheng 和 Wang,2015)。在这种伦理氛围中,员工很少担心表达与工作相关的建议和问题会对自身造成不利后果(Wang 和 Hsieh,2013)。

因此,根据伦理氛围理论,本研究认为企业社会责任能够通过提高关注他人氛围来鼓励员工利用他们的促进性和抑制性建言。本研究提出以下假设:

假设 2a:关注他人氛围在企业社会责任和促进性建言之间起中介作用。即:企业社会责任能够提高关注他人氛围,继而提高促进性建言。

假设 2b:关注他人氛围在企业社会责任和抑制性建言之间起中介作用。

即：企业社会责任能够提高关注他人氛围，继而提高抑制性建言。

10.2.3 关注自我氛围的中介效应

根据伦理氛围理论，本研究认为员工会"向外看"企业社会责任，通过降低他们对关注自我氛围的感知，从而提高他们的两种建言行为（促进性和抑制性建言）。

首先，企业社会责任能够降低关注自我氛围。根据伦理氛围理论（Arnaud，2010；Arnaud 和 Schminke，2012），当员工相信"组织所期望的伦理规范是在做出伦理决策时强调最大化自我利益"时，关注自我的伦理氛围就会形成。企业社会责任包括关心不同利益相关者的福祉（El Akremi 等，2018），使员工能够与他人或道德原则和谐相处（Bauman 和 Skitka，2012），从而使员工推断出这样的信息：他们的组织在做出伦理决策时并非以自我利益最大化为中心。以往的研究为这种推断提供了一些间接证据。例如，学者指出以伦理为导向的人力资源管理实践与自利型伦理氛围显著负相关（Guerci 等，2015）。因此，企业社会责任降低了员工感知的关注自我氛围。

其次，当员工处于关注自我氛围中时，他们往往会减少两种建言行为。根据伦理氛围理论，关注自我氛围会鼓励员工自私自利，甚至不惜牺牲公司和其他人的利益（Vardaman 等，2014；Cheng 和 Wang，2015）。这种氛围会引导员工的行为方式更加利己（Wang 和 Hsieh，2013）。因此，在这种关注自我的氛围中，员工不太可能进行这种对他们自身利益造成潜在威胁的建言行为。

一方面，关注自我氛围可能会让员工认为建言是徒劳的，从而使他们不愿意进行两种建言（促进性和抑制性建言）。研究表明，当员工认为他们的组织和同事自私自利时，他们会认为任何改善集体福祉的努力（例如建言）在组织中均不会受到重视和支持（Wang 和 Xieh，2013）。另一方面，学者指出，利己主义会使员工意识到：在表达他们的担忧时，同事的负面反应会给员工带来很大的个人风险（Wang 和 Hsieh，2013）。因此，关注自我氛围会让员工意识到建言行为存在很高的风险性，从而促使他们减少这两种类型的建言行为（促进性和抑制性建言）。

综上所述，根据伦理氛围理论，本研究认为企业社会责任能够减少关注自我氛围，而关注自我氛围能够降低员工的两种建言行为（促进性和抑制性建言）。因此，企业社会责任通过降低关注自我氛围来鼓励员工进行两种建言。本研究提出如下假设：

假设 2c：关注自我氛围在企业社会责任与促进性建言之间起中介作用。即：企业社会责任通过减少关注自我氛围来提高促进性建言。

假设2d:关注自我氛围在企业社会责任与抑制性建言之间起中介作用。即:企业社会责任通过减少关注自我氛围来提高抑制性建言。

10.2.4 "向上看":谦卑型领导的调节效应

员工关注CSR的一个重要原因是,他们期望那些积极参与外部CSR活动的企业也能够以一种公平、仁慈的方式对待他们的内部员工。然而,有证据表明尽管一些公司热于宣扬企业社会责任,但它们可能不会公平、仁慈地对待他们的员工(Royle,2005)。根据伦理氛围的多体验模型,CSR与企业内部领导的特征共同决定了员工感知的组织伦理氛围(Hansen等,2016)。CSR作为一种"第三方公正"是否以及如何影响组织的伦理氛围(关注他人和关注自我氛围),还会受到领导行为的影响,因为企业领导会影响内部员工感知到的自身被如何对待(第一方公正)。本研究认为,员工会"向外看"企业社会责任,"向上看"企业的谦卑型领导,进而形成对不同伦理氛围的感知。

谦卑型领导在世界各大主要宗教中有着丰富的哲学根源。这一概念包含三个共同认可的主题(Ou等,2018)。第一个主题集中在获得准确自我认识的意愿上。谦卑型领导建立在一种"接受世上存在着比自我更伟大的事物"的自我观点基础之上。这一主题表现在愿意承认自身的错误和局限性、超越自我概念和低自我关注方面(Owens等,2013;Wang等,2017)。第二个主题涉及承认他人的优点和贡献(Owens和Hekman,2016)。第三个主题是保持对自我完善的开放心态。这一主题表现在对新思想以及反馈持开放态度,并且追求自我超越等方面(Ou等,2014)。谦卑型领导为员工提供了工作环境中的道德行为规范(Owens和Hekman,2012)。

根据伦理氛围的多体验模型,员工不断地从各个方向寻找相关的情境线索,以理解其组织的伦理氛围(Hansen等,2016;Rupp,2011)。线索一致性理论(Miyazaki等,2005)认为,当多个信息源提供相互印证的信息线索时,员工的态度和行为是由直接线性整合这些信息线索的数值得出的。换句话说,当信息线索一致时,员工倾向于共同使用这些信息线索(即权重相等)以理解他们所在的组织环境。相反,当信息线索不一致时,负面偏见将决定员工对信息的认知处理,员工将会给负面线索更多的权重以确定最恰当的态度和行为。将这一理论应用到本研究中来,也就是说,当多个信息线索一致时,这些信息线索对个体反应的影响将会被放大。相反,当多个信息线索不一致时,消极线索将会影响个体对信息的认知加工,进而阻碍他们对这些信息线索做出积极反应(De Roeck等,2016;De Roeck和Farooq,2018)。谦卑型领导塑造了对组织中价值观、规范和期望的共同理解(Ou等,2014)。因此,谦卑型领导如何看待自己、如何看待他人以及如何看待社会的方式能够影响 CSR 与两种伦理氛围(关注他人和关注自我氛围)之间的关系。

(1)谦卑型领导者愿意获得准确的自我认识,这嵌入在"接受世上存在着比自我更伟大的事物"的自我观点之中(Ou 等,2014;Ou 等,2018)。这一维度能够帮助领导者避免自私自利,并发出与 CSR 一致的低自我关注的情境线索,从而加强了 CSR 对伦理氛围的影响(Wang 等,2020)。具体而言,谦卑型领导者表现出低自我关注。即使他们致力于改善社会福祉,他们也倾向于保持低调和低可见性(Owens 和 Hekman,2012)。这些"无名英雄"追求的目标往往不是个人荣誉,而是服务于更大的社会(Wang 等,2017)。当谦卑型领导程度较高时,组织和领导者发出的信息线索是一致的(例如,低自我关注)。因此,高水平的谦卑型领导能够加强企业社会责任对两种伦理氛围(关注他人和关注自我氛围)的影响。相反,当谦卑型领导的程度较低时,来自组织和领导者的情境线索是不一致的,此时低水平的谦卑型领导削弱了企业社会责任对两种伦理氛围(关注他人和关注自我氛围)的影响。

(2)谦卑型领导欣赏他人的优点和贡献,能够为员工提供关注他人的信息线索,这一信息线索与 CSR 产生的信息线索是一致的(Wang 等,2020),继而帮助 CSR 塑造组织的伦理氛围(Owens 等,2013;Lin 等,2019)。欣赏他人的优点和贡献意味着谦卑型领导更关注集体福祉和他人利益,而不是他们的自我利益(Ou 等,2014;Frostenson,2016)。这一行为会向员工发出这样的信息线索:即他们的领导往往会将他人的利益视为首要关注的问题(Owens 和 Hekman,2012;Lin 等,2019)。来自高水平谦卑型领导的线索证实了来自组织的 CSR 的线索,即他们的领导和组织都关注他人的福祉和利益。在这种情况下,员工很可能推断出:他们在较高水平的关注他人氛围、较低水平的关注自我氛围中工作。相反,来自低水平谦卑型领导的信息线索与来自组织 CSR 信息线索不一致,此时 CSR 在培养关注他人氛围和降低关注自我氛围方面的潜力将会大大削弱。

(3)谦卑型领导对自我完善持开放态度并且追求自我超越(Owens 等,2013;Ou 等,2014;Ou 等,2018)。相应地,谦卑型领导发出了寻求改善社会福利的线索,这与 CSR 发出的信息线索是一致的(Wang 等,2020)。具体而言,谦卑型领导者的人生追求是致力于为更大的社区、更大的整体做出贡献并追求道德原则或普遍真理,而不是致力于追求自我利益。与此论点相一致,研究表明,具有自我超越价值观的领导者致力于改善社会福祉并且超越个人私利(Fu 等,2010)。他们会根据社会环境的道德要求努力使社会变得更好(Zhang 等,2017)。谦卑型领导致力于改善社会福祉的人生追求与 CSR 所体现的造福社会的理念相一致(Farooq 等,2017)。因此,相比于低水平的谦卑型领导,高水平的谦卑型领导对 CSR 与关注他人氛围的积极影响、CSR 与关注自我氛围的负面影响更强。

总之,谦卑型领导者能够帮助 CSR 培养关注他人的氛围,并且削弱关注自我的氛围。因此,本研究提出以下假设:

假设 3a:谦卑型领导能够在企业社会责任与关注他人氛围之间起调节作用。与低水平的谦卑型领导相比,当谦卑型领导水平较高时,二者之间的正向关系更强。

假设 3b:谦卑型领导能够在企业社会责任与关注自我氛围之间起调节作用。与低水平的谦卑型领导相比,当谦卑型领导水平较高时,二者之间的负向关系更强。

10.2.5 "向内看":SRHRM 的调节效应

在实际履行企业社会责任政策的过程中,有些企业只是把 CSR 当成一种"粉饰"行为,甚至试图通过损害员工的福祉来抵消企业捐赠的成本(Shen 和 Zhang,2019)。研究表明,人们对于 CSR 活动的普遍担忧是:CSR 究竟仅仅是一种不真诚的、财务驱动的"表面文章",还是真的反映了组织及其高层领导者的慈善特征(Hansen 等,2016)。员工不仅是 CSR 的主要利益相关者,而且还负责 CSR 的具体执行。人力资源管理实践是企业各个管理部门与员工关系最紧密的一部分,员工往往会把这些人力资源管理实践看作是组织内部环境向他们发出的重要信号,并且与员工自身的利益密切相关(刘远和周祖城,2015)。学者也提出,人力资源管理实践是塑造组织氛围的重要因素(Mossholder 等,2011)。因此,员工在形成对企业伦理氛围的感知时,也会关注 CSR 在企业内部人力资源管理实践中是如何实施的。

SRHRM 实践不仅为员工提供优越的薪酬和工作条件,而且是企业成功履行社会责任的重要工具(王娟等,2019)。SRHRM 实践是一个包含各种人力资源管理实践的综合性概念,旨在促进企业社会责任政策的有效落实(Shen 和 Zhang,2019)。具体而言,SRHRM 实践包括招聘和选拔有社会责任感的员工,为员工提供 CSR 方面的培训,并在绩效考核和升职加薪时考虑员工对社会的贡献(Shen 和 Benson,2016)。这一人力资源管理实践其所表现出的公平、道德和关怀等伦理特征,有助于构筑公正、利他的工作氛围。本研究认为,企业社会责任如何影响两种伦理氛围(关注他人和关注自我氛围)也会受到员工"向内看"企业 SRHRM 实践的影响。具体而言,本研究认为 SRHRM 能够增强 CSR 与关注他人氛围之间的正相关关系,也能够增强 CSR 与关注自我氛围之间的负相关关系,原因有以下几个方面。

（1）SRHRM 实践能够强化 CSR 与关注他人的伦理氛围之间的积极效应。当企业实施 SRHRM 实践的程度较高时，企业在招聘和选拔过程中会更多地考虑员工的社会责任感，并且为员工提供 CSR 方面的培训以促进 CSR 成为企业的核心价值观，这些人力资源管理实践能够向员工发出更强的利他信号：他们的企业在真诚地、言行一致地履行企业社会责任，使他们更加相信 CSR 所传达的利他信号。同时，实施较高水平 SRHRM 实践的企业会在绩效考核和升职加薪时考虑员工的社会贡献，将企业内部员工的自身利益与外部利益相关者的福祉紧密结合在一起，从而使员工进一步确认他们的组织能够仁慈和道德地对待内部员工和外部利益相关者（Zhao 和 Zhang，2019），继而感知到更强的关注他人的伦理氛围。相反，当企业实施 SRHRM 实践的程度较低时，CSR 与 SRHRM 实践发出的信号是不一致的，他们更倾向于相信低水平的 SRHRM 实践所发出的消极线索。也就是说，员工认为企业的 CSR 是不真诚的，仅仅是一种简单的"粉饰"行为或营销手段，并没有在企业内部得到真正的贯彻和执行。因此，低水平的 SRHRM 实践削弱了企业社会责任对关注他人伦理氛围的影响。

（2）SRHRM 实践能够强化 CSR 与关注自我氛围之间的负相关关系。具体而言，当企业实施 SRHRM 实践的程度较高时，企业能够把 CSR 价值观融入人力资源管理体系中，并激励员工在日常工作和生活中为社会做出贡献（Shen 和 Zhang，2019）。通过这样做，企业内部的 SRHRM 实践与企业对外宣传的 CSR 发出的利他信号是一致的，使员工更加相信他们的企业致力于关注内外部利益相关者的福祉和利益，这两种一致的线索共同减少了员工感知的关注自我氛围。相反，当企业实施 SRHRM 实践的程度较低时，CSR 与 SRHRM 实践发出的信号是不一致的，相比于 CSR 所发出的积极线索，他们更倾向于相信低水平的 SRHRM 实践所发出的消极线索。线索一致性理论指出，来自多个信息源的线索不一致时，消极线索比积极线索的影响更强（Miyazaki 等，2005）。并且，一旦他们感知到伪善或被背叛，甚至会激发他们的负面反应（De Roeck 等，2016）。根据这一理论，当员工对 SRHRM 的感知水平较低时，员工更倾向于认为 CSR 是一种旨在从外部利益相关者那里获得短期利益的工具性行动，他们会对组织在 CSR 方面的投资更加怀疑，甚至产生企业伪善的感知（De Roeck 等，2016），此时，CSR 传递关注他人线索的作用可能减弱甚至消失了。因此，低水平的 SRHRM 强化了 CSR 对关注自我氛围的负向影响。

总之，SRHRM 能够增强 CSR 对关注他人氛围的正向影响，并且能够强化 CSR 对关注自我氛围的负向影响。本研究提出以下假设：

假设 3c：SRHRM 能够在企业社会责任与关注他人氛围之间起调节作用。

与低水平的 SRHRM 相比,当 SRHRM 水平较高时,二者之间的正向关系更强。

假设 3d:SRHRM 能够在企业社会责任与关注自我氛围之间起调节作用。
与低水平的 SRHRM 相比,当 SRHRM 水平较高时,二者之间的负向关系更强。

10.2.6　被调节的中介模型

本研究根据伦理氛围理论,并结合伦理氛围的多体验模型和线索一致性理论,提出了 CSR 对员工两种建言行为(促进性和抑制性建言)产生影响的整合模型,即谦卑型领导和 SRHRM 能够分别对两种伦理氛围(关注他人和关注自我氛围)在 CSR 与员工两种建言间的中介机制起调节作用。结合以上论述,本研究提出如下推断:

如假设 1a 和假设 1b 所述,本研究提出 CSR 能够提高员工的促进性和抑制性建言。如假设 2a 和假设 2b 所述,基于伦理氛围理论,本研究认为 CSR 能够帮助组织形成关注他人氛围,继而激励员工进行促进性和抑制性建言。如假设 3a 和假设 3b 所述,基于伦理氛围的多体验模型和线索一致性理论,CSR 与企业内部的谦卑型领导,共同决定了员工所在组织的伦理氛围类型。本研究认为员工会"向外看"CSR,"向上看"他们的谦卑型领导以形成对组织伦理氛围的感知。因此,谦卑型领导能够强化 CSR 与关注他人氛围之间的积极效应,进而加强了关注他人氛围在企业社会责任与员工两种建言(促进性和抑制性建言)之间的中介作用。具体而言,谦卑型领导水平越高,企业社会责任对关注他人氛围的积极效应就越强,员工也会更愿意进行促进性和抑制性建言。基于以上论述,本研究提出如下被调节的中介假设:

假设 4a:谦卑型领导能够加强关注他人氛围在企业社会责任与促进性建言之间所起的中介作用。当谦卑型领导水平较高时,关注他人氛围在企业社会责任与促进性建言之间的中介效应越强。

假设 4b:谦卑型领导能够加强关注他人氛围在企业社会责任与抑制性建言之间所起的中介作用。当谦卑型领导水平较高时,关注他人氛围在企业社会责任与抑制性建言之间的中介效应越强。

如假设 1a 和假设 1b 所述,本研究提出企业社会责任能够提高员工的促进性和抑制性建言。如假设 2c 和假设 2d 所述,根据伦理氛围理论,本研究认为企业社会责任能够帮助组织减少关注自我氛围,而关注自我氛围能够减少员工的两种建言(促进性和抑制性建言)。因此,企业社会责任能够减少关注自我氛围,继而激励员工进行促进性和抑制性建言。如假设 3a 和假设 3b 所述,基于伦理氛围的多体验模型和线索一致性理论,本研究认为谦卑型领导能够强化企业社会责任与关注自我氛围之间的负相关关系,进而强化了关注自我氛围在企业社会责任与两种建言(促进性和抑制性建言)之间所起的中介作用。具体而言,谦卑型领导的水平越高,企业社会责任越能够降低关注自我的伦理氛围,继而员工越愿意进行促进性和抑制性建言。因此,本研究提出如下被调节的中介假设:

假设 4c:谦卑型领导能够加强关注自我氛围在企业社会责任与促进性建言之间所起的中介作用。当谦卑型领导水平较高时,关注自我氛围在企业社会责任与促进性建言之间的中介效应越强。

假设 4d:谦卑型领导能够加强关注自我氛围在企业社会责任与抑制性建言之间所起的中介作用。当谦卑型领导水平较高时,关注自我氛围在企业社会责任与抑制性建言之间的中介效应越强。

本研究结合伦理氛围理论、伦理氛围的多体验模型和线索一致性理论,提出 SRHRM 能够对两种伦理氛围(关注他人和关注自我氛围)在 CSR 与员工建言(促进性和抑制性建言)之间的中介机制起调节效应。结合以上论述,本研究提出如下推断:

如假设 1a 和假设 1b 所述,本研究提出企业社会责任能够提高员工的促进性和抑制性建言。如假设 2a 和假设 2b 所述,基于伦理氛围理论,本研究认为企业社会责任能够提高关注他人氛围,继而激励员工进行促进性和抑制性建言。如假设 3a 和假设 3b 所述,基于伦理氛围的多体验模型和线索一致性理论,本研究认为员工会"向外看"企业对外宣传的社会责任,"向内看"SRHRM 实践在组织内部的实施情况,以形成对伦理氛围的感知。具体而言,当企业采取 SRHRM 实践的水平较高时,高水平的 SRHRM 实践与 CSR 所传递的利他线索是一致的,员工会认为企业在真诚地、言行一致地履行 CSR,因而 CSR 对关注他人氛围的积极效应就越强,也更能激励员工进行促进性和抑制性建言。当企业采取 SRHRM 实践的水平较低时,低水平的 SRHRM 实践与 CSR 所传递的利他线索不一致,员工会怀疑 CSR 的动机甚至认为企业伪善,CSR 对关注他人氛围的积极效应就越弱,也会减少员工的促进性和抑制性建言。因此,SRHRM 实践能够加强企业社会责任与关注他人氛围之间的积极效应,进而加强了关注他人氛围在 CSR 与员工两种建言(促进性和抑制性建言)之间所起的中介作用。基于以上论述,本研究提出如下被调节的中介假设。

假设 5a:SRHRM 能够加强关注他人的氛围在企业社会责任与促进性建言之间所起的中介作用。当 SRHRM 水平较高时,关注他人氛围在企业社会责任与促进性建言之间的中介效应越强。

假设 5b:SRHRM 能够加强关注他人的氛围在企业社会责任与抑制性建言

之间所起的中介作用。当 SRHRM 水平较高时,关注他人氛围在企业社会责任与抑制性建言之间的中介效应越强。

如假设 2c 和假设 2d 所述,基于伦理氛围理论,本研究认为企业社会责任能够帮助组织减少关注自我氛围,而关注自我氛围能够减少员工的促进性和抑制性建言。因此,企业社会责任能够减少关注自我氛围,继而激励员工进行两种建言行为。如假设 3a 和假设 3b 所述,基于伦理氛围的多体验模型和线索一致性理论,本研究认为,SRHRM 能够加强 CSR 与关注自我氛围之间的负相关关系,进而强化关注自我的氛围在 CSR 与两种建言(促进性和抑制性建言)之间所起的中介作用。具体而言,企业实施 SRHRM 实践的水平越高,企业社会责任越能够减少关注自我的伦理氛围,继而员工越愿意进行促进性和抑制性建言。因此,本研究提出如下被调节的中介假设:

假设 5c:SRHRM 能够加强关注自我氛围在企业社会责任与促进性建言之间所起的中介作用。当 SRHRM 水平较高时,关注自我氛围在企业社会责任与促进性建言之间的中介效应越强。

假设 5d:SRHRM 能够加强关注自我的氛围在企业社会责任与抑制性建言之间所起的中介作用。当 SRHRM 水平较高时,关注自我氛围在企业社会责任与抑制性建言之间的中介效应越强。

本研究探讨了企业社会责任是否、如何以及何时影响员工的促进性和抑制性建言。具体地,本研究首先探讨了企业社会责任与员工两种建言之间的关系。其次,本研究基于伦理氛围理论,探究了企业社会责任如何通过提高关注他人氛围、减少关注自我氛围来提升员工的促进性和抑制性建言。再者,本研究基于伦理氛围的多体验模型和线索一致性理论,提出员工会"向外看"企业社会责任,"向上看"他们的谦卑型领导,"向内看"企业的 SRHRM 实践以形成对企业两种伦理氛围(关注他人和关注自我氛围)的感知。最后,本研究进一步提出谦卑型领导和 SRHRM 能够分别调节两种伦理氛围(关注他人和关注自我氛围)在 SRHRM 与员工两种建言(促进性和抑制性建言)之间所起的中介作用。在理论推导过程中,本研究共提出 18 个理论假设,如表 10 - 1 所示。

为了检验本研究假设,笔者进行了两项研究。在研究 1 中,笔者进行了一项实验研究,以检验 CSR 与谦卑型领导之间的交互作用对两种伦理氛围(关注他人和关注自我氛围)及两种建言(促进性和抑制性建言)的影响。这一实验研究设计能够帮助建立更强的因果推论。在研究 2 中,笔者进行了两阶段的实证调研,以检验整个理论模型。这一实证研究能够捕获员工在工作场所中的真实体验。下面将详细阐述这些研究。

表 10 - 1　假设汇总表

假设	内　容
假设 1a	企业社会责任对促进性建言具有正向影响
假设 1b	企业社会责任对抑制性建言具有正向影响
假设 2a	关注他人氛围在企业社会责任和促进性建言之间起中介作用,即:企业社会责任通过提高关注他人氛围来提高促进性建言
假设 2b	关注他人氛围在企业社会责任和抑制性建言之间起中介作用,即:企业社会责任通过提高关注他人氛围来提高抑制性建言
假设 2c	关注自我氛围在企业社会责任和促进性建言之间起中介作用。即:企业社会责任通过降低关注自我氛围来提高促进性建言
假设 2d	关注自我氛围在企业社会责任和抑制性建言之间起中介作用。即:企业社会责任通过降低关注自我氛围来提高抑制性建言
假设 3a	谦卑型领导能够加强企业社会责任与关注他人氛围之间的正向关系
假设 3b	谦卑型领导能够加强企业社会责任与关注自我氛围之间的负向关系
假设 3c	SRHRM 能够加强企业社会责任与关注他人氛围之间的正向关系
假设 3d	SRHRM 能够加强企业社会责任与关注自我氛围之间的负向关系
假设 4a	谦卑型领导能够加强关注他人氛围在企业社会责任与促进性建言之间的中介作用
假设 4b	谦卑型领导能够加强关注他人氛围在企业社会责任与抑制性建言之间的中介作用
假设 4c	谦卑型领导能够加强关注自我氛围在企业社会责任与促进性建言之间的中介作用
假设 4d	谦卑型领导能够加强关注自我氛围在企业社会责任与抑制性建言之间的中介作用
假设 5a	SRHRM 能够加强关注他人氛围在企业社会责任与促进性建言之间的中介作用
假设 5b	SRHRM 能够加强关注他人氛围在企业社会责任与抑制性建言之间的中介作用
假设 5c	SRHRM 能够加强关注自我氛围在企业社会责任与促进性建言之间的中介作用
假设 5d	SRHRM 能够加强关注自我氛围在企业社会责任与抑制性建言之间的中介作用

10.3 研究方法和结果

10.3.1 实验研究

本研究遵循 Aguinis 和 Bradley（2014）提出的有关情境实验研究的最佳实践建议，招募理论上合适的样本来进行这一情境实验。在本研究背景中，呈现给参与者的情景应该是他们所熟悉的。换句话说，参与者应该至少知道他们组织的企业社会责任实践活动。本研究参照以往研究的程序对实验参与者进行筛选（Yam 等，2018；Ng 等，2019）。具体而言，首先询问他们所在的企业是否采取过 CSR 方面的实践（例如，参加慈善公益活动，开展节能减排、环境保护等方面的实践，鼓励员工参与志愿服务等），从而能够对参与者进行筛选。在最初联系的全职员工中，有 248 名员工有资格参加。

本实验的参与者包括 248 名企业全职员工，他们在周末参加过中国西北一所重点大学的非全日制工商管理硕士课程。参与者的平均年龄为 29.28 岁［标准差（SD）＝4.78］。其中，26.61％为女性，73.39％为男性。平均工作年限为 5.91 年（SD＝4.82）。这些参与者来自一系列行业，例如制造业、石油、能源、金融、医疗、化工、互联网、建筑土木和高科技产业等。他们来自陕西、山东、北京、四川、河南、天津、吉林、内蒙古和浙江等多个省份。样本的基本个人情况（年龄、性别、教育水平和工作年限）如表 10－2 所示。

表 10－2 样本基本情况统计

变量	选项	频次	百分比	样本总数
性别	男	182	73.39％	248
	女	66	26.61％	（100％）
年龄	25 岁及以下	30	12.10％	248
	26～30 岁	156	62.90％	
	31～35 岁	44	17.74％	
	36～40 岁	7	2.82％	（100％）
	41 岁及以上	11	4.44％	

续表

变量	选项	频次	百分比	样本总数
教育背景	大专及以下	14	5.65%	248 (100%)
	本科	138	55.64%	
	硕士	96	38.71%	
工作年限	1～5 年	162	65.32%	248 (100%)
	6～10 年	61	24.60%	
	11 年及以上	25	10.08%	

1. 实验设计和程序

本研究进行了 2(高水平 CSR vs 低水平 CSR)×2(高水平谦卑型领导 vs 低水平谦卑型领导)的情景实验。参与者被随机分配到其中一种情境条件下。参照以往的研究,描述不同水平下 CSR 和谦卑型领导的情境。

本研究要求参与者阅读有关"A 公司"的一段描述,在这段描述中操纵了 CSR 和谦卑型领导的水平。在阅读完这段描述后,我们要求每个参与者假设他们自己在这家公司工作,并完成操纵性检验、关注他人氛围、关注自我氛围和控制变量(例如年龄、性别和工作年限)等变量的调研。

(1)CSR 操纵。本研究参照现有 CSR 方面的文献(Farooq 等,2017;Wang 等,2020;Ng 等,2019),从慈善捐赠、环境保护等方面来操纵 CSR。

在高水平的 CSR 条件下,参与者被告知有关 A 企业社会责任方面的信息。例如,在慈善捐赠方面,A 企业积极参与公益慈善事业,每年将企业 20% 的利润捐赠给当地的社区公益项目(如捐资助学等)和各类慈善机构,在慈善企业排行榜中常年位居榜首。此外,该企业去年支持了 99% 的志愿服务活动。在环境保护方面,该企业每年都积极投入大量的资金以保证节能减排,不仅遵守所有适用的环境法规,而且超越最低监管标准,以确保其环保实践在行业中处于领先地位。

在低水平的 CSR 条件下,参与者被告知有关 A 企业社会责任方面的信息。例如,A 企业每年将企业 0.01% 的利润捐赠给当地的社区公益项目(如捐资助学等)和各类慈善机构,在慈善企业排行榜中排名倒数第一。此外,该企业去年仅支持了 10% 的志愿服务活动。在环境保护方面,该企业每年仅投入极少量资金以保证节能减排。该企业仅遵守某些最低的环境监管法规。

（2）谦卑型领导操纵。本研究根据现有文献中谦卑型领导的主要概念来操纵不同水平的谦卑型领导（Owens 等，2013；Ou 等，2014；Owens 和 Hekman，2016；Ou 等，2018；Qin 等，2019；Wang 等，2020）。

在高水平谦卑型领导的条件下，参与者被告知其领导"张一"具有以下特征：他相信世界上存在比自己更伟大的事物，所有人都是宇宙中渺小的一员。他能够充分认识到自己的优点和缺点，敢于承认自己的不足和局限性。他经常赞赏和表扬他人的优点和贡献。并且，他非常乐意向别人学习，对他人的想法持开放态度，经常主动向员工寻求反馈和意见。他在生活中具有强烈的个人使命感，他会花大量时间和精力去改善社会福祉。但是，他的行为方式非常低调，不喜欢引起别人的关注，对获得声誉也不感兴趣。

在低水平谦卑型领导的条件下，参与者被告知他们的领导"张一"具有以下特征。他相信自己是世界的中心，世界上没有比自己更伟大的事物。他不能充分认识到自己的优点和缺点，很少承认自己的不足和错误。他很少赞赏和表扬他人的优点和贡献。并且，他不愿向别人学习，很少寻求员工的反馈和意见。他在生活中几乎没有个人使命感，偶尔会花极少时间和精力去参与改善社会福祉的活动，但他的行为方式非常高调，很喜欢吸引别人的关注，热衷于追求个人声誉。

2. 变量测量

对于所有测量指标，本研究均采用李克特 5 点量表测量，1 表示"非常不同意"，5 表示"非常同意"。

操作性检验：为了评估对 CSR 的操作是否有效，本研究根据以往的研究（Rupp 等，2013；Farooq 等，2017），要求参与者回答 CSR 的四个题项。代表性题项，例如"A 企业关心其开展业务的社区""A 企业关心环境"和"A 企业努力为其开展业务的社区做出积极贡献"。根据 Rego 等（2019）的研究，本研究用一个题项来评价谦卑型领导的操纵型检验："我认为张一是位谦卑型领导"。

关注他人氛围：本研究采用 Arnaud（2010）开发的五题项量表。代表性题项如"怎样对企业中的每个人都好，我感觉是 A 企业主要考虑的问题"。该量表的内部一致性系数为 0.93，表明它的测量信度较好。

关注自我氛围：本研究采用 Arnaud（2010）开发的五题项量表。代表性题项如"在 A 企业中，大家会主要关注自身的利益"。该量表的内部一致性系数为 0.87，表明它的测量信度良好。

促进性建言:本研究采用 Liang 等(2012)开发的五题项量表。代表性题项如"我会积极主动地对可能影响到 A 企业的问题提出建议""我会积极主动地提出有利于 A 企业的新项目"、"我会提出建议以改善 A 企业的工作程序""我会积极主动地提出建设性建议以帮助 A 企业实现目标"和"我会提出建设性建议以改善 A 企业的运营"。该量表的内部一致性系数为 0.90,表明它的测量信度良好。

抑制性建言:本研究采用 Liang 等(2012)开发的五题项量表。代表性题项如:"我会建议其他同事不要做妨碍工作绩效的不当行为""即使有反对意见,我也会坦诚地指出那些对 A 企业造成严重损失的问题""即使会使其他人尴尬,我也敢于指出影响 A 企业效率的问题""即使会影响到与同事的关系,我也会指出该企业中存在的问题",以及"我会主动向管理层报告工作场所中存在的协调问题"等。该量表的内部一致性系数为 0.91,表明它的测量信度良好。

控制变量:根据以往的研究,本研究控制了参与者的年龄、性别和工作年限(Rupp 等,2013;Thornton 和 Rupp,2016)。

3. 实验研究讨论

实验结果表明,谦卑型领导能够增强企业社会责任与关注他人氛围之间的积极效应,并且强化企业社会责任与关注自我氛围之间的负相关关系(假设 3a 和假设 3b)。在此基础上,实验结果也支持了假设 4a 和假设 4b,即谦卑型领导能够加强关注他人氛围在企业社会责任与员工的两种建言(促进性和抑制性建言)之间的中介效应。虽然谦卑型领导能够加强关注自我氛围在企业社会责任与促进性建言之间的关系,即支持了假设 4c,但是,谦卑型领导并没有起到调节关注自我氛围在企业社会责任与抑制性建言之间关系的作用,即假设 4d 没有得到数据的支持。

实验设计通过控制潜在的混淆因素,有效地验证了企业社会责任与谦卑型领导对两种伦理氛围(关注他人和关注自我氛围)以及员工两种建言行为的影响。研究表明,情境实验设计能够帮助学者排除其他可能影响结果变量的因素,有助于建立因果关系,减少对反向因果关系的担忧,是阐明因果推论的有效工具(Aguinis 和 Bradley,2014;Hewlin 等,2017;Qin 等,2018;Qin 等,2019)。因此,实验设计有效地验证了本研究所提出的理论模型的因果关系,帮助本研究建立更加强有力的因果推论,进一步提高了本研究的内部效度。

尽管研究结果支持了上述大部分的假设,并且为内部有效性提供了稳健的证据,但本研究仍存在以下局限性:第一,尽管本研究的内部效度较高,但是,实验设计可能无法捕捉组织情境中动态变化的复杂性。第二,在这一样本中,谦卑型领导并没有起到调节关注自我氛围在企业社会责任与抑制性建言之间关系的作用。可能的原因有:受本实验中调研样本或其他未考虑到的因素影响,CSR和谦卑型领导的交互效应通过影响关注自我氛围继而影响抑制性建言的作用未能得到数据上的体现。第三,这一研究没有验证本研究提出的整个理论模型。

为了弥补以上研究的不足,本研究进行了一项实地调研,使用两个时间点的数据来重复验证研究 1 中的部分假设关系,并通过引入 SRHRM 的调节效应进一步扩展了研究 1 中的研究发现。研究 2 通过在实地调研中探究工作场所中员工的真实经历,将研究 1 中的一些发现扩展到具有不同特征的样本中(如年龄、性别、教育程度和行业等),从而扩展了本研究的外部效度(Livneofer 等,2019)。总之,这两项研究包括不同的研究设计和样本组合,为整体理论模型提供了良好的内部效度和外部效度(Qin 等,2018)。

10.3.2 实证研究

1. 样本选取和数据收集

本研究采用问卷调研法收集数据。为了保证研究的适用性,本研究选择的调研样本主要来自在一定程度上履行了社会责任实践的企业。为了获得这一调研样本,本研究首先考虑"中国企业社会责任排行榜"上的企业(例如国家电网等)。其次,为了使系统差异最大化,本研究选择的调研样本来自不同行业。再者,在进行调研时,通过问询他们所在的企业是否采取过社会责任实践方面的活动(例如慈善捐赠、志愿服务、社区服务及节能环保等),以及采取过哪些类型的社会责任实践活动,从而便于对参与者进行筛选。遵循以上原则和调研程序,本研究主要从 382 名企业全职员工处收集数据,他们参加过中国一所重点大学的非全日制管理培训。参与调研的企业员工来自电力、石油、能源、金融、制造业、房地产、医疗保健和高科技行业等一系列行业。他们主要来自陕西、山东、江苏、北京、上海和广东等多个省份。本调研团队向员工保证他们的参与是完全自愿的,问卷调查的信息仅供研究之用并对所有信息严格保密。

为了减少潜在的共同方法偏差,本研究根据学者的建议在两个时间点收集问卷,这两次调研时间之间相隔 1 个月(Podsakoff 等,2003;Podsakoff 等,2012)。在时间点 1,本调研团队向员工发放用于测量企业社会责任、谦卑型领导、SRHRM、关注他人氛围和关注自我氛围等变量及人口统计信息的第一批问卷。本调研团队收到 423 份回复,回复率为 84.60%。一个月后,本调研团队发放用于测量促进性和抑制性建言等变量的第二批问卷。这一阶段的回复率为92.20%。删除不完整的问卷后,最终样本包括382名员工。

(1)样本基本情况的描述性统计。样本的基本人口统计情况,如表10-3所示。

表 10-3 样本基本情况统计

变量	选项	频次	百分比	样本总数
性别	男	275	71.99%	382
	女	107	28.01%	(100%)
年龄	25 岁及以下	177	46.34%	
	26～30 岁	158	41.36%	
	31～35 岁	32	8.38%	382
	36～40 岁	13	3.40%	(100%)
	41 岁及以上	2	0.52%	
教育背景	大专及以下	2	0.52%	
	本科	224	58.64%	382
	硕士	156	40.84%	(100%)
工作年限	1～5 年	340	89.01%	
	6～10 年	34	8.90%	382
	11 年及以上	8	2.09%	(100%)

从表10-3可以看到以下结果:在本研究样本中,71.99%的参与者是男性,28.01%的参与者是女性。此外,年龄在25岁以下的参与者占46.34%,年龄在26到30岁之间的参与者占41.36%,年龄在31到35岁之间的参与者占8.38%,年龄在36岁到40岁之间的参与者占3.40%,而41岁及以上的参与者占0.52%。89.01%的参与者工作年限在5年以内,8.90%的参与者工作年限在6到10年,2.09%的参与者工作年限在11年及以上。

(2)样本所在企业特征的描述性统计。样本所在企业的基本情况,如表10-4

所示。

表 10 - 4　样本所在企业的基本情况统计

变量	选项	频次	百分比	样本总数
企业成立年限	5 年以下	18	4.71％	382 (100％)
	5～10 年	34	8.90％	
	10～15 年	21	5.50％	
	15～20 年	238	62.30％	
	20 年以上	71	18.59％	
企业规模	100 人以内	28	7.33％	382 (100％)
	100～200 人	12	3.14％	
	200～500 人	31	8.12％	
	500～1 000 人	13	3.40％	
	1 000 人以上	298	78.01％	
企业类别	国有企业	226	59.16％	382 (100％)
	民营企业	136	35.60％	
	其他	20	5.24％	

从表 10-4 可以看到以下结果:在本研究样本中,62.30％的员工主要来自成立年限在 15 年到 20 年的企业,18.59％的员工来自成立年限在 20 年以上的企业,8.90％的员工来自成立年限在 5 到 10 年的企业,5.50％的员工来自成立年限在 10 到 15 年的企业,仅有 4.71％的员工主要来自成立 5 年以下的企业。

在本研究样本中,78.01％的员工主要来自 1 000 人以上的企业,3.40％的员工在 500 到 100 人之间,8.12％的企业在 200 到 500 人之间,3.14％的企业在 100 到 200 人之间。59.16％的员工来自国有企业,35.60％的员工来自民营企业。

2. 变量测量

本研究的变量测量都是使用成熟的量表,这些量表具有很好的信度和效度。在本研究所涉及概念的定义与衡量方法方面,主要参考在国内外已公开发表的学术论文,具有较高的文化普适性。为了避免概念对等性偏差所导致的测量误差,笔者首先经过严格的"双向翻译"过程,将英文量表翻译成中文;其次,本人邀请对中西方文化比较熟悉的 CSR 领域博士生和教授,讨论题项的文化普适性。

然后,本人将问卷发放给多位员工,要求他们指出问卷中任何有歧义或难以理解的内容,再根据这些员工提供的反馈意见对问卷进行修改。本研究均采用李克特 5 点量表设计,1 表示"非常不同意",5 表示"非常同意"。

企业社会责任:与企业社会责任的微观视角一致(Rupp 等,2013;Hansen 等,2016),本研究使用员工对 CSR 的感知这种主观的测量方式,而不是客观的 CSR 评分。由于员工可能并不了解客观的 CSR 实践,员工的 CSR 感知可能会对其后续的反应产生更大的影响。因此,本研究采用 Vlachos 等(2014)开发的量表来测量员工感知的 CSR。这一量表共包含 4 个题项,代表性题项如"我们企业关注改善社会福祉""我们企业支持慈善公益事业"和"我们企业对环境负责"等。该量表的内部一致性为 0.91,表明它具有良好的测量信度。

谦卑型领导:本研究使用 Owens 等(2013)开发的 9 题项量表来测量谦卑型领导,要求员工对他们领导者的行为进行评价。这种他评的报告方式对谦卑型领导有很强的预测效力。代表性题项如"当我们的领导不知道该怎么做时,他(或她)就会承认""我们的领导经常赞美别人的优点"和"我们的领导乐于接受别人的建议。"该量表的内部一致性为 0.90,表明这一量表具有良好的测量信度。

SRHRM:采用 Shen 和 Benson(2016)的量表来测量 SRHRM,这一量表共包含 6 个题项。为了探究 HRM 实践如何影响员工的工作结果,学者强调了员工主观体验的关键作用(Nishii 等,2008;Liao 等,2009;Li 等,2018)。他们认为,受到同等水平客观 HRM 实践影响的员工可能对这些 HRM 实践有不同的感知或体验。因此,参照以往的研究(Shen 和 Benson,2016;Shen 等,2018),本研究要求员工对公司实施 SRHRM 实践的感知程度进行评分。代表性题项如"在招聘员工时,我所在的企业会考虑应聘者与企业认同的社会责任价值观是否一致"和"我所在的企业提供适当的企业社会责任培训,以促使企业社会责任成为组织的核心价值观"等。该量表的内部一致性为 0.87,表明其具有良好的测量信度。

关注他人氛围:采用学者开发的成熟量表来测量这一变量(Arnaud,2010;Arnaud 和 Schminke,2012)。参照以往的研究(Hansen 等,2016;Wang 等,2020),笔者主要通过测量员工对他们工作场所内氛围的感知来测量这一变量。这一量表共包含 5 个题项,代表性题项如"在我们部门中,人们总是期望我做有益于社会的事""怎样对每个人都好,是我所在部门主要考虑的问题"和"我们部门中的人都会主动地考虑同事的利益"等。该量表的内部一致性为 0.89,表明它具有良好的测量信度。

关注自我氛围:笔者参照以往研究开发的量表(Arnaud,2010;Arnaud 和

Schminke，2012)来测量关注自我氛围,要求员工对他们工作场所内关注自我氛围的感知进行评分。这一量表共包含 5 个题项,代表性题项例如"在我们部门中,大家主要关注自己的利益""我们部门中的人都是为了自己""我们部门中的人在面临困难决定时,会首先考虑自己的利益"等。该量表的内部一致性为0.89,表明其具有良好的测量信度。

促进性建言:本研究采用 Liang 等(2012)开发的 5 题项量表。代表性题项如"我会积极主动地提出有利于企业的新项目""我会提出建议以改善企业的工作程序"和"我会积极主动地提出建设性建议以帮助企业实现目标"。该量表的内部一致性为 0.93,表明该量表具有良好的测量信度。

抑制性建言:本研究采用 Liang 等(2012)开发的 5 题项量表。代表性题项如:"我会建议其他同事不要做妨碍工作绩效的不当行为""即使会使其他人尴尬,我也敢于指出影响企业效率的问题"及"即使会影响到与同事的关系,我也会指出企业中存在的问题"等。该量表的内部一致性为 0.93,表明该量表具有良好的测量信度。

控制变量:为了解决可能存在的替代性解释,本研究控制了一些变量。首先,以往的研究认为员工的人口统计变量(年龄、性别、教育程度和工作年限)可能会对员工的建言行为产生影响(Liang 等,2012;Janssen 等,2015;Kakkar 等,2016)。例如,男性员工会比女性员工更倾向于建言,经验丰富的员工(由年龄和工作年限反映)更敢于表达意见(Qin 等,2014;Li 等, 2018)。同时,微观层面员工对 CSR 反应方面的研究主要控制了这些人口统计学变量(De Roeck 等,2016;Farooq 等,2017;Rupp 等,2018)。因此,本研究也控制了这些人口统计学变量。其次,根据以往的研究(Luu,2017;Rupp 等,2018),企业年限、企业规模和企业类型也可能会影响员工对 CSR 的感知,因此本研究也控制了这些企业方面的相关信息(企业成立年限,企业规模和企业类型)。

最后,以往的研究表明,基于组织的自尊能够影响员工的建言行为(Liang 等,2012)。因此,本研究在做稳健性检验时控制了基于组织的自尊这一变量在CSR 与员工的两种建言之间可能造成的混淆中介作用。本研究参照以往的研究使用 7 题项量表来衡量这一变量(Liang 等,2012)。代表性题项如"在工作场所中我是有价值的",该量表的内部一致性为 0.89,表明该量表具有良好的测量信度。

3. 实证研究结果讨论

本研究检验了企业社会责任对员工两种不同类型建言行为(促进性和抑制性建言)的影响,探究了两种特定的伦理氛围(关注他人和关注自我氛围)在其中所起的潜在中介效应。并且,进一步检验了谦卑型领导和SRHRM分别在企业社会责任与员工建言行为间所起的调节作用。本研究所提出的假设均得到了验证。研究结果表明,企业社会责任与员工的两种建言(促进性和抑制性建言)均显著正相关。企业社会责任通过增强关注他人氛围进而促进员工的两种建言(促进性和抑制性建言);相反,企业社会责任能够减少关注自我氛围,而关注自我氛围能够显著地降低员工的促进性和抑制性建言,因而企业社会责任通过减少关注自我氛围来提升员工的两种建言。此外,谦卑型领导能够增强两种伦理氛围(关注他人和关注自我氛围)在企业社会责任与员工建言行为(促进性和抑制性建言)间所起的中介效应。SRHRM也能够增强两种伦理氛围(关注他人和关注自我氛围)在企业社会责任与员工建言行为间所起的中介效应。

10.4 研 究 讨 论

10.4.1 研究结果讨论

企业社会责任与人力资源管理的结合成为目前学术界关注的新兴热点话题(Voegtlin和Greenwood,2016;王娟等,2019)。迄今为止,在微观层面CSR的实证研究表明,CSR可以提高员工的组织承诺以及任务绩效等(Gond等,2017;De Roeck和Maon,2018)。尽管这些发现对于支持CSR与OB的相关性至关重要,但还需要探讨CSR对员工其他行为结果(例如,员工的促进性和抑制性建言)的影响以证实CSR的重要性,从而帮助企业更好地发挥CSR的积极效应。

本研究通过探讨"企业社会责任是否、如何以及何时能够提高员工的促进性和抑制性建言行为"这一问题来揭示CSR的微观基础。为了检验这一理论模型,笔者进行了两项研究,包括一项实验研究(研究1)和一项多阶段实证研究(即研究2)。在研究1中,笔者进行了基于2(高CSR vs 低CSR)× 2(高谦卑型领导 vs 低谦卑型领导)的情景实验,探究了CSR和谦卑型领导的交互作用对关注他人氛围和关注自我氛围的影响,并进一步探究了二者的交互作用对员工促进性和抑制性建言的影响。在研究2中,笔者使用多阶段的实证研究设计检验了本研究所提出的整个理论模型,以最大化外部效度。实验和实证研究的混合使用有助于增强本研究的内部效度和外部效度(Qin等,2019;Ju等,2019)。本研究表明以下结果:

1. 企业社会责任与员工的建言行为(促进性和抑制性建言)

本研究表明,企业社会责任不仅能够显著地提高员工的促进性建言,还能显著提高他们的抑制性建言。一方面,从 CSR 的视角来看,企业追求经济利益与社会福利的不相容导致在宏观领域 CSR 与企业绩效之间的关系存在不一致的结论。解决这一悖论的新视角是从微观层次探究企业社会责任对员工行为的影响(Aguinis 和 Glavas,2012;王娟等,2019)。然而,目前关于微观层面 CSR 影响的研究还非常有限,CSR 与员工两种特定建言行为(促进性和抑制性建言)之间的关系还是一个研究空白(Wang 等,2020)。另一方面,从员工建言行为的视角来看,目前学者主要聚焦于探究引发员工促进性和抑制性建言的个体和领导因素,很少关注触发两种建言的组织情境因素(于静静和赵曙明,2013)。这一研究发现的价值在于从 CSR 与人力资源管理相结合的视角,探究了 CSR 对员工建言行为的影响,推动了微观层面企业社会责任研究的发展。

2. 两种伦理氛围的中介机制

本研究发现,企业社会责任能够提高关注他人氛围,而关注他人氛围能够提高员工的促进性和抑制性建言。因此,企业社会责任能够通过关注他人氛围,继而提高员工两种类型的建言行为。

同时,企业社会责任也能够减少关注自我氛围,而关注自我氛围能够减少员工两种类型的建言行为。因此,企业社会责任也能够通过减少关注自我氛围,继而提高员工两种类型的建言行为。这在一定程度上打开了 CSR 与员工促进性和抑制性建言行为之间关系的"黑箱"。

3. 谦卑型领导的调节效应

实验和实证两项研究均表明,谦卑型领导能够增强 CSR 与关注他人氛围之间的正相关关系,并且能够增强 CSR 与关注自我氛围的负相关关系。具体而言,两项研究结果表明,当谦卑型领导的水平较高时,CSR 能够显著地提高关注他人氛围;相反,当谦卑型领导的水平较低时,CSR 对关注他人氛围的积极效应降低。而当谦卑型领导水平较高时,CSR 能够显著地降低关注自我氛围;相反,当谦卑型领导水平较低时,CSR 减少关注自我氛围的作用降低,甚至变得不显著。这证实了本研究之前所做的推断。即,当员工感知到较低水平的谦卑型领导时,员工自身并没有得到领导的良好对待(第一方公正)时,他们可能会对企业在 CSR 方面的投资持怀疑态度,并将 CSR 视为一种高调行善的"做秀"行为(De Roeck 等,2016)。此时 CSR 作为"第三方公正"所带来的奖励效应削弱,甚至消失了。

实验结果还进一步表明:谦卑型领导能够增强关注他人氛围在 CSR 与员工两种建言(促进性和抑制性建言)之间的中介作用。同时,谦卑型领导也能够强化关注自我氛围在 CSR 与促进性建言之间的中介作用,但却并未调节关注自我氛围在 CSR 与员工抑制性建言之间的中介效应。可能的原因是：第一，可能受实验中调研样本（比如，调研样本所处企业的规模、类型等组织层面）因素的影响，关注自我氛围与员工抑制性建言之间的作用并没有能得到数据上的支持。为了进一步验证本研究所提出的理论假设，笔者进行了两阶段的实证调研。实证结果支持了以上实验研究结果，并且进一步证实谦卑型领导能够强化关注自我氛围在 CSR 与员工抑制性建言之间所起的中介作用。实验研究和实证研究在结果方面的部分差异，在微观层面发表于顶级期刊的多项研究中经常出现（Wang 等 2018；Lee 和 Duffy，2019）。这可能是由于这两项研究中样本、研究设计之间的差异引起的。研究 1 使用了基于情景的实验。尽管这种研究设计能够帮助我们揭示因果关系并排除其他解释，但使用"纸人"（paper person）的情境描述作为领导者可能会使谦卑型领导对员工行为反应的影响效应变弱（Lin 等，2019）。为突破这些局限性，我们又在真实的组织环境中做了研究 2，并且进一步考虑了组织层面的控制因素，在真实组织情境下得出的研究结论具有更强的外部效度。

通过开展实验和实证这两项研究，本研究从领导行为的视角探讨了 CSR 影响员工建言行为的边界条件。学者呼吁，未来研究需要进一步检验 CSR 与领导类型的交互作用如何影响员工行为（Jones 等，2014；De Roeck 和 Maon，2018；De Roeck 和 Farooq，2018）。本研究通过将企业社会责任与谦卑型领导引入到伦理氛围的多体验模型中，并且将伦理氛围区分为关注他人和关注自我氛围两种类型，回应了学者的呼吁，从而大大拓展了微观层面 CSR 领域的研究。

4. SRHRM 的调节效应

本研究结果还表明，SRHRM 不仅能够增强 CSR 与关注他人氛围之间的正相关关系，而且能够增强 CSR 与关注自我氛围之间的负相关关系。进一步地，本研究发现 SRHRM 能够加强关注他人氛围在 CSR 与员工两种建言（促进性和抑制性建言）之间的中介作用，也能够强化关注自我氛围在 CSR 与员工两种建言（促进性和抑制性建言）之间的中介作用。

这证实了本研究之前提出的论断，即当员工感知到较低水平的 SRHRM 实践时，员工可能会对组织在 CSR 方面的投资持怀疑态度，并有可能将 CSR 视为一种旨在从外部利益相关者处获得短期收益的工具性活动（De Roeck 等，2016）。这一发现不仅从组织人力资源管理实践的视角探究了 CSR 的边界条件，而且为企业如何更好地提升社会绩效与企业绩效找到了一条激励相容的路径。

10.4.2 理论意义

以往 CSR 方面的研究主要集中于宏观层面，以探讨 CSR 政策对企业绩效等结果变量的影响。但是最近几年,员工作为 CSR 活动的参与者、执行者和观察者,他们的行为如何受到 CSR 的影响越来越受到学者的关注(王娟等,2017)。本研究不仅是企业宏观层面与微观层面研究的结合,而且也是 CSR 与人力资源管理之间相结合的交叉研究。本研究从宏观层面(CSR)与微观层面(人力资源管理)研究相结合的视角,率先将 CSR 与员工不同类型的建言行为(促进性和抑制性建言)联系起来,从组织伦理氛围的视角揭示了二者之间的作用机制,并且进一步引入了谦卑型领导和 SRHRM 的调节效应,进而为企业履行社会责任找到一条激励相容的路径。具体来说,本研究主要有以下几方面的理论贡献。

(1)通过率先探究 CSR 与员工两种类型建言(促进性和抑制性建言)之间的关系,本研究能够帮助学者理解员工对企业社会责任的反应,填补了 CSR 与员工不同建言行为间的研究空白。战略管理方面的研究主要侧重于在宏观层面上探究 CSR 与企业绩效之间的关系,但这些研究提供了矛盾的结果(Aguinis 和 Glavas,2012;Bauman 和 Skitka,2012)。自 Aguinis 和 Glavas(2012)呼吁开展 CSR 微观层面的研究之后,探究 CSR 对员工影响方面的研究取得了很大的进展(Farooq 等,2017;De Roeck 等,2016;Vlachos 等,2017;Scheidler 等,2019)。但是,CSR 对不同类型员工建言行为的影响在很大程度上被忽视了。本研究结果通过确认 CSR 可以影响两种不同类型的员工建言行为,扩展了现有 CSR 研究的范围,对于帮助 CSR 领域的学者从员工角度来理解 CSR 现象具有重要意义。同时,本研究从 CSR 与人力资源管理相结合的视角,在中国背景下探究了 CSR 对员工建言行为的影响,拓展了中国管理背景下 CSR 与员工行为结果的认识,以证实 CSR 的重要性。

其次,本研究通过提出 CSR 与不同类型员工建言之间的多重潜在机制,深化了对 CSR 方面的潜在作用机理的理解。尽管一些学者探讨了 CSR 与员工结果变量之间的潜在机制,但他们对多个中介机制的关注却非常有限(Glavas,2016),只有极少数的研究探究了 CSR 与员工结果变量的多重中介机制。例如,Farooq 等(2017)的研究表明,内部和外部 CSR 分别通过影响员工感知的内部尊重和外部声望,继而影响他们的组织认同。Hur 等(2018)探讨了 CSR 如何通过影响员工的同情心和内在动机,继而影响他们的创造力。与这些研究不同,本研究揭示了 CSR 如何通过多重中介机制(即关注他人和关注自我氛围),继而影响两种不同类型的建言行为。由于间接效应的性质可能会因同一模型中是否检验一个或多个中介变量而有所不同,并且这种差异能够帮助学者们理解 CSR 如何通过不同的中介过程来影响员工结果(Jones 等,2017)。因此,本研究验证的多重中介机制具有重要意义。

再者,本研究从组织情境因素的视角出发提出了 CSR 与不同类型的员工建言之间的边界条件,拓展了 CSR 方面的研究。目前对 CSR 边界条件的探究主要集中在个体差异方面,很少有研究探讨组织情境因素对 CSR 与员工态度和行为之间关系的影响(Gond 等,2017)。本研究将组织的情境因素(谦卑型领导和 SRHRM 实践)作为微观 CSR 对员工建言行为的边界条件,推动了微观层面 CSR 的研究。

(2)本研究通过揭示 CSR 如何影响员工两种不同类型的建言行为(促进性和抑制性建言),丰富和拓展了伦理氛围理论。以往的研究主要基于社会认同理论来解释 CSR 如何通过影响员工的组织认同,继而影响他们不同形式的组织公民行为,例如忠诚度提升,人际关系和个人勤奋(Gond 等,2017;Farooq 等,2017)。同时,社会交换理论通常用于解释 CSR 如何通过提高员工感知的信任,继而影响他们的组织公民行为和犬儒主义(Hansen 等,2011;Gond 等,2017)。虽然这两种理论有助于解释 CSR 如何通过影响组织成员身份或社会交换机制来影响员工的态度和行为(De Roeck 和 Maon,2018),但这些理论并没有在工作环境中整合伦理行为规范,也没有解释为什么 CSR 能够帮助员工权衡建言的潜在收益和风险。因此,本研究基于伦理氛围理论,为 CSR 激励员工建言行为提供了新的理论视角。

(3)本研究从谦卑型领导和 SRHRM 实践的视角,揭示了 CSR 影响员工两种不同建言行为的边界条件,从而拓展了伦理氛围的多体验模型和线索一致性理论。一方面,从谦卑型领导方面的研究来看,自从 Owens 和 Hekman(2012)提出谦卑型领导的概念框架以来,这一领导类型受到了学者越来越多的关注。现有研究主要检验了谦卑型领导对员工和团队结果变量的影响。例如,工作投入(Owens 等,2013)、情感承诺(Ou 等,2014)、团队绩效(Owens 和 Hekman,2016;Rego 等,2019)、团队效率(Rego 等,2018)及团队创造力(Hu 等,2018)。但是,尚未有学者将谦卑型领导作为影响 CSR 与员工行为的边界条件(Wang 等,2020)。学者也指出,虽然越来越多的人认为谦卑是领导效能的关键决定因素之一,但关于谦卑型领导相关的实证研究却非常有限(Rego 等,2017)。本研究通过整合伦理氛围的多体验模型和线索一致性理论,将谦卑型领导扩展到 CSR 领域,证明了谦卑型领导力能够作为增强 CSR 与关注他人氛围之间积极关系、CSR 与关注自我氛围之间消极关系的催化剂。

另一方面,从 SRHRM 方面的文献来看,目前 SRHRM 方面的研究仍处于起步阶段。SRHRM 的有限研究仅探讨了 SRHRM 实践对员工态度和行为的影响,例如组织承诺(Shen 和 Zhu,2011)、任务绩效(Shen 和 Benson,2016)、组织公民行为(Newman 等,2016)和反生产行为(王娟等,2019)。但是,很少有学者探讨 SRHRM 作为边界条件如何强化 CSR 对员工行为的积极影响并削弱其消极影响。本研究将 SRHRM 作为影响员工对 CSR 做出反应的关键边界条件,通过将 SRHRM 引入到员工建言领域,响应了学者提出的将人力资源管理的目标从工具性焦点转移到社会福利的呼吁,从而拓展了现有 SRHRM 研究的范围(Voegtlin 和 Greenwood,2016)。

10.4.3 管理启示

员工不仅是企业竞争优势的重要来源,而且是为企业做出直接贡献的最主要利益相关者。在我国社会转型期,企业对于员工的意义不再仅仅是一个工作场所,仅靠满足员工的物质需求已经难以充分调动员工的工作积极性,他们越来越看重工作与生活的平衡、工作的意义与价值、企业价值观与自身价值观的匹配等精神方面的需求。近年来,管理者逐渐将 CSR 视为竞争优势的重要来源,并优先考虑公司对 CSR 方面的投资。特别是在新冠肺炎疫情爆发以来,履行社会责任不仅能够为企业带来新的机遇,而且能够帮助抗击疫情、解决社会问题,从而有效地改善社会福利。但是,管理者仍然不清楚如何提高 CSR 的积极影响。因此,探究 CSR 对员工建言行为的影响,对于强化中国企业的社会责任意识,帮助中国企业在实现可持续发展的同时改善社会福祉方面意义重大。本研究为如何实施 CSR 提供了一些启示。

首先,员工的促进性和抑制性建言对于企业来说至关重要。如何激励员工的建言行为进而帮助企业获得竞争优势,是每个企业都必须面临的重要问题。本研究结果表明:企业可以从积极的 CSR 活动中受益。当员工认为他们的公司具有社会责任感时,他们会积极地看待他们所在公司的伦理氛围。因此,如果企业想要提高员工的促进性和抑制性建言,应该树立为利益相关者负责的理念,积极参与社会责任活动。例如,企业应进行多元化管理、保护环境,积极参与慈善公益活动,鼓励员工参与志愿服务等,让员工体验到他们的企业是在真正地履行社会责任。

其次,本研究表明,培养关注他人氛围、减少关注自我氛围,也可以激励员工进行两种建言。因此,企业如果想激励员工表达与工作相关的意见及建设性建议,就应该重点注意培养企业的关注他人氛围,并且减少关注自我氛围。具体而言,在企业的经营管理中,企业应该履行社会责任、构建对社会负责以及具有人文关怀的组织环境,在做出企业决策时考虑大多数人的利益,鼓励员工站在他人的视角去看待问题、时时刻刻为他人着想等。特别是在遭遇疫情等危机时刻,企业应该保障全体员工的利益和福祉,关注员工的需求和困难,为困难员工提供力所能及的帮助,从而使员工能够与企业共进退、为企业的生存和复工复产建言献策。相反,如果企业内部氛围是唯利是图、自私自利时,则可能会激化企业和员工之间的矛盾,给企业造成不可估量的损失。

再者,谦卑型领导在帮助企业的 CSR 形成关注他人氛围、减少关注自我氛围,进而激励员工进行促进性和抑制性建言方面发挥着重要作用。企业应该发展、奖励谦卑型领导行为,并将其纳入人力资源管理实践中。具体而言,在招聘和选拔环节,人力资源管理部门应该考虑谦卑型领导者。在随后的人力资源管理培训方面,要着重培养和发展领导的谦卑性,从而帮助领导者能够正确地看待自己的缺点和不足,欣赏和赞扬他人的优势和贡献,并且对他人的想法和反馈持开放态度。本研究还建议组织在绩效考核及升职加薪中认可并奖励谦卑型领导。

最后,本研究为企业具体履行社会责任方面的管理实践也提供了一定的启示。虽然企业的管理者已经开始认识到参与企业社会责任实践活动不仅能够为企业带来财务上的收益,而且可以成为组织竞争优势的重要来源。但是,管理者还不清楚如何才能在提高企业社会绩效的同时提高企业内部的财务绩效。本研究结果表明,企业实施 SRHRM 实践对于解决这一问题具有重要意义。以往的一些企业社会责任项目(如企业捐款等)仅涉及外部利益相关者的利益,员工可能会觉察到威胁他们自身的利益,从而带来一些消极的结果。而 SRHRM 实践能够将企业内部员工的利益和外部利益相关者的利益结合在一起,从而实现企业经济效益和社会效益的"双赢"。因此,企业除了在力所能及的范围内承担对外慈善捐赠责任的同时,也要在企业内部实施 SRHRM 实践。通过这一系列的人力资源管理实践,让员工能够切实感受到企业是在言行一致地履行社会责任,从而让员工感知到更多的关注他人氛围、更少的关注自我氛围,以激励员工为企业的发展建言献策。因此,为了发挥 CSR 对组织伦理氛围以及员工建言行为的积极作用,企业需要招聘具有社会责任感的员工,提供企业社会责任方面的培训,在绩效评估时考虑员工的社会绩效,并将员工的社会绩效与升职加薪挂钩。

10.5 研 究 结 论

10.5.1 研究结论

本研究基于伦理氛围理论和线索一致性理论,开发一个理论模型以探究"CSR 是否、如何以及何时影响员工的促进性和抑制性建言",得到以下几方面

的研究结论:

第一,企业社会责任能够提高员工的促进性和抑制性建言。这一研究结论证实了企业社会责任作为一种"第三方公正",不仅能够激励员工愿意为企业的发展提出建设性的建议,而且能够促使员工敢于指出对组织造成损害的潜在问题。该研究结论将企业社会责任与员工建言方面的研究联系起来,填补了 CSR 与员工不同建言行为间关系的研究空白。

第二,根据伦理氛围理论,本研究发现两种特定的伦理氛围(关注他人和关注自我氛围)能够在企业社会责任与员工的两种建言(促进性和抑制性建言)之间起中介作用。这一研究结论从组织伦理氛围这一新的理论视角揭示了 CSR 与员工建言行为间的双路径作用机理,深化了对 CSR 与员工不同建言行为间潜在作用机理的认识。

第三,根据伦理氛围的多体验模型和线索一致性理论,本研究认为谦卑型领导不仅能够加强企业社会责任与关注他人氛围之间的积极效应,而且能够强化企业社会责任与关注自我氛围之间的负相关关系。同时,SRHRM 也能够强化企业社会责任与关注他人氛围的积极效应,并加强企业社会责任与关注自我氛围之间的负相关关系。

企业社会责任作为一种"第三方公正",能否影响员工感知的伦理氛围(关注他人和关注自我氛围),还会受到员工自身能否被公平对待(第一方公正)的影响,而企业的领导行为和人力资源管理实践能够影响到员工的"第一方公正"感知。根据伦理氛围的多体验模型和线索一致性理论,本研究确认员工会"向外看"企业社会责任,"向上看"谦卑型领导,"向内看"企业的 SRHRM 对伦理氛围的感知。以往伦理氛围理论主要采取单一行动者视角来解释伦理氛围是如何形成的。本研究通过整合伦理氛围的多体验模型和线索一致性理论,从组织情境中多个行动者的视角来探究伦理氛围是如何形成的,为 CSR 如何影响组织内部不同类型的伦理氛围提供了新的理论视角。

第四,本研究还进一步检验了谦卑型领导与 SRHRM 实践分别在整个模型中所起的被调节的中介效应。即谦卑型领导能够强化关注他人氛围在 CSR 与员工两种建言(促进性和抑制性建言)之间所起的中介效应,这种领导类型也能够强化关注自我氛围在 CSR 与促进性建言之间所起的中介效应。SRHRM 实践能够分别强化关注他人氛围和关注自我氛围在企业社会责任与员工建言行为(促进性和抑制性建言)之间的中介效应。这一研究结论对 CSR 如何以及何时会影响员工的促进性和抑制性建言提供了新的研究视角。

10.5.2 研究创新点

本研究的创新点主要体现在以下几个方面：

第一，从员工这一内部利益相关者的视角出发，本研究阐明了 CSR 感知对员工两种不同建言行为（促进性和抑制性建言）的影响，弥补了 CSR 与员工建言之间关系的研究不足，为微观层面员工对 CSR 的反应研究提供了必要的补充。企业追求经济效益与社会福利的不相容，导致宏观领域关于 CSR 与企业绩效之间关系的研究并没有得出一致性的结论。以往对 CSR 的研究多集中于宏观层面（例如制度和组织层面等），主要从公司治理及消费者反应等视角出发探究 CSR 的潜在收益和成本，而员工作为 CSR 实践活动的参与者、执行者和观察者，他们的行为如何受到 CSR 的影响却并未受到学者的足够重视。近几年来，早期 CSR 研究所忽视的个体层面分析越来越受到理论和实证方面的关注。这些不断增长的微观层面 CSR 研究主要集中在员工对 CSR 的反应方面，从而澄清了 CSR 与一系列既定的、积极的组织行为构念之间的关系，但也忽略了许多其他重要的结果变量（如促进性和抑制性建言）。学者指出，为了继续推进微观层面 CSR 的研究，需要进一步探究 CSR 如何影响新的组织行为构念，以证实为什么 CSR 对个体来说很重要。本研究从企业宏观层面（CSR）与微观层面研究相结合的视角出发，证实了 CSR 能够有效地提高员工两种不同的建言行为（促进性和抑制性建言），不仅弥补了这一研究空白，而且扩展了现有 CSR 研究中员工结果变量的范围。管理者可以根据本研究结论，充分发挥 CSR 对员工促进性和抑制性建言的积极影响，以帮助企业实现企业经济效益和社会效益的"双赢"。

第二，基于伦理氛围理论，本研究将两种特定类型的组织伦理氛围（关注他人和关注自我氛围）引入 CSR 与员工建言行为（促进性和抑制性建言）之间的关系中来，揭示了 CSR 影响员工建言行为的双路径作用机理。之前微观层面 CSR 方面的研究主要是基于社会认同理论和社会交换理论从单一的潜在作用机制展开的，对 CSR 与员工行为之间关系的多重潜在机制缺乏深入探讨。以往研究主要聚焦于检验组织认同、组织信任在 CSR 与员工态度和行为之间所起的中介作用。到目前为止，尚未有研究探讨组织伦理氛围在 CSR 与员工行为之间的中介效应。本研究从组织伦理氛围的视角出发，将两种特定的伦理氛围（关注他人和关注自我氛围）引入 CSR 与员工两种建言行为（促进性和抑制性建言）之间的关系中来。这在一定程度上揭示了 CSR 影响员工两种不同建言行为的"黑箱"，而且通过在中国文化背景下揭示不同类型的伦理氛围的触发因素和影响效应，进一步拓展了组织伦理氛围理论。

　　第三,通过整合伦理氛围的多体验模型和线索一致性理论,本研究从组织情境因素(谦卑型领导和SRHRM)的视角揭示了CSR与员工建言行为之间的理论边界条件。从CSR方面的研究来说,探究个体对CSR反应的情境因素的研究仍然太少。目前对CSR边界条件的探究主要集中在个体差异方面,很少有研究探讨领导行为或组织因素对CSR与员工行为之间关系的影响。学者呼吁研究需要深入分析个体对CSR反应的边界条件。本研究通过整合伦理氛围的多体验模型和线索一致性理论,从"向上看"谦卑型领导,"向内看"SRHRM的视角探究了两种组织伦理氛围(关注他人和关注自我氛围)的重要形成因素,不仅在一定程度上推动了微观层面CSR理论边界的研究,而且拓展了伦理氛围的多体验模型和线索一致性理论的适用范围。

　　本研究通过进一步揭示谦卑型领导和SRHRM实践在整个模型中所起的被调节的中介效应,为如何发挥CSR对员工建言行为的积极效应提供了崭新的研究视角。一方面,本研究将谦卑型领导引入CSR的研究中来,并从谦卑型领导的视角揭示了员工对CSR反应的调节作用机理,从而拓展了谦卑型领导方面的有限研究。自从学者在2012年首先提出谦卑型领导的概念以来,现有研究主要探究了谦卑型领导对员工和组织结果变量的影响。但是,目前关于谦卑型领导相关的实证研究却依然非常有限,很少有学者将谦卑型领导作为CSR影响员工行为的一种边界条件。学者也呼吁需要进一步探究谦卑型领导与CSR之间的关系。本研究将谦卑型领导扩展到CSR领域,揭示了谦卑型领导在强化CSR与两种伦理氛围(关注他人和关注自我氛围)之间关系中所发挥的作用。这一发现对于管理者具有重要启示:在企业实施CSR活动的过程中,企业领导者应尽量保持低调,采取谦卑型领导,以增强CSR对员工的积极影响,弱化不利影响。

　　另一方面,本研究将SRHRM作为影响员工对CSR反应的理论边界条件,从而拓展了SRHRM方面的有限研究。目前,SRHRM方面的研究还处于一个初步阶段,是一个新兴的研究领域。SRHRM方面的研究仅探讨了SRHRM对员工积极行为的影响。但是,尚未有学者将SRHRM作为影响员工对CSR反应的边界条件。本研究整合伦理氛围的多体验模型和线索一致性理论,从人力资源管理实践的视角探究了影响CSR与员工建言行为间的理论边界条件,为CSR方面的研究提供了崭新的研究视角。该研究结论表明,企业可以通过在内部实施SRHRM实践,以提高CSR对员工的积极效应并减少其消极效应,从而实现通过激励企业参与CSR以提升企业绩效和社会绩效过程中所起到的重要作用。

10.5.3 研究局限性

本研究探讨了"CSR 是否、如何以及何时影响员工的促进性建言和抑制性建言"的问题。虽然达到了预期的研究目的，但是这项研究也具有以下局限性。

第一，本研究是在中国进行的，这项研究是否适用于其他文化背景（例如西方文化）尚不清楚。之前的研究表明，由于来自不同文化背景的人持有不同的价值观，他们对 CSR 的反应可能会有所不同（Farooq 等，2017）。

第二，尽管在研究 2 中使用员工自我评估的方式是适当的，但是可能存在潜在的共同方法偏差。研究 2 中使用员工自我评估的方式是适当的，原因有如下几点：

（1）本研究关注的构念是对 CSR 的感知，而不是任何客观意义上的 CSR。与 CSR 方面的微观视角一致，研究 2 将 CSR 概念化为员工对 CSR 的感知，因为相对于客观意义上的 CSR，员工对 CSR 的感知实际上会对他们后续的反应产生更强的影响（Rupp 等，2013）。

（2）元分析表明，自我评估与他人评估（例如，主管和同事）的员工行为（如建言等）之间的均值差异实际上很小（Carpenter 等，2014）。自我评估的主要优势在于，员工应该处于评估自己行为的最佳位置，并且他们最了解自己的行为。Ng 和 Feldman（2015）指出，采用自我报告的方式对建言行为进行测量在组织行为学研究中非常普遍。很多研究采用自我评估的方式测量建言行为（McClean 等，2018；Hsiung，2012；Hu 和 Jiang，2018）。基于本研究特殊的研究背景，CSR 实质上是一种"第三方公正"，它超越了自我甚至超越了组织的财务目标，自我报告的测量方式能够帮助学者获得员工行为背后的动机和意图（Rupp 等，2013）。同时，本研究采用多种方式解决自我报告所造成的共同方法偏差等问题。一方面，研究 2 在两个时间点收集数据以减少共同方法偏差（Podsakoff 等，2003）。另一方面，研究 1 进行了基于情景的实验，该实验操纵了不同水平的 CSR 和谦卑型领导，以检验 CSR 与组织两种伦理氛围（关注他人和关注自我氛围）之间的因果关系，并进一步探究了 CSR 对员工促进性和抑制性建言倾向的影响，减轻了对共同方法偏差方面的担忧。

第三，本研究仅探讨了 CSR 如何影响员工的两种建言（促进性和抑制性建言）行为，但是并没有进一步探究其他的员工结果变量。微观层面 CSR 研究的最重要成果是帮助阐明宏观层面文献中有关 CSR 与绩效关系之间不一致的发现。但是，本研究并没有探讨 CSR 是否能够通过影响伦理氛围继而影响其他的结果变量（例如个体或团队绩效等）。此外，尽管本研究从组织伦理氛围的视角出发,探讨了关注他人和关注自我氛围在 CSR 与员工建言之间所起的中介作用,但 CSR 对员工建言行为的影响路径可能是多种多样的。CSR 与员工建言行为间可能还存在其他的潜在作用机制。

第四,本研究仅考虑了谦卑型领导和 SRHRM 实践对 CSR 与员工建言之间关系的影响,但是还存在很多其他的影响因素。例如,员工的个体特质(例如员工的利他和自利导向)、其他的领导方式(例如伦理型领导)或者人力资源管理实践(例如高绩效工作系统)是否能在该模型中起作用尚不清楚。

10.5.4　未来研究方向

基于以上研究的局限性及 CSR 与员工建言行为的发展趋势,本研究提出以下几方面的未来研究方向。

第一,本研究是在中国文化背景下进行的,受到中国特定文化背景的影响。未来研究可以在其他国家文化背景下,进一步检验该研究模型的适用性,以扩展研究结论的普遍性。还可以进一步检验文化价值观(如权力距离等)如何影响 CSR 与员工建言行为的关系。

第二,本研究采用实证和实验相结合的方式,以规避对共同方法偏差的担忧。未来的研究可以从不同来源获取数据,以减少共同方法偏差。例如,在收集数据时,采用自评和他评相结合的方式以减少对共同方法偏差的担忧。

第三,未来研究可以进一步探究 CSR 对其他员工结果变量的影响。本研究主要探讨了 CSR 对员工建言行为的积极影响,未来研究可以进一步探究 CSR 可能对员工负面行为产生的影响。例如,CSR 是否会诱发员工的负面行为和破坏性结果,如反生产行为、情绪耗竭或员工沉默等。通过探究 CSR 是否、如何以及何时诱发员工的负面行为,可以预防在 CSR 实施过程中对员工产生消极行为结果。因此,未来研究可以更多地关注 CSR 的阴暗面。

此外,目前关于 CSR 结果变量的研究主要集中在个体层面,未来学者也可以进一步探究 CSR 对团队绩效、团队创新等群体层面结果变量的影响。未来的研究可以通过探索 CSR 如何通过道德氛围影响个体和团队绩效来扩展我们的模型。最后,现有研究多是聚焦于单一层面的横向研究,极少开展多层次的动态研究。开展跨层次研究能够帮助整合 CSR 领域独立发展的宏观和微观研究流派。开展纵向研究则有助于捕捉 CSR 的动态过程,从而清楚地展示变量之间的因果关系。学者也呼吁开展跨层次和纵向研究(赵红丹和周琼瑶,2018;Zhang等,2021)。因此,本项目试图弥补这一研究方法上的不足。

第四,本研究从组织伦理氛围的视角探究了 CSR 与员工建言行为间的关系,还需要进一步拓展和完善微观层面 CSR 研究的相关理论基础。未来学者可以借鉴心理学、组织行为学等方面的理论视角来揭示 CSR 与员工态度和行为之间的作用机制以及 CSR 的驱动因素,进一步阐释清楚 CSR 的微观心理机制。

第五,未来的研究者可以进一步考虑其他的领导、组织和个体因素对 CSR 与员工态度和行为的调节作用。例如,不同的领导类型(例如责任型领导、伦理型领导和真实型领导)会对 CSR 与员工行为之间的关系产生何种影响?特别是在面临新冠肺炎疫情等危机情况下,责任型领导是否能够使企业的 CSR 发挥更好的积极效应呢?而辱虐型领导等消极领导风格会不会使 CSR 对员工产生适得其反的效果?其他的组织情境因素(例如高绩效工作系统等)会如何影响 CSR 效应的发挥?此外,个体差异(例如员工的自利和利他导向)会不会影响 CSR 与员工伦理行为之间的关系?这些问题有待未来进一步深入探究。

第六,目前学者主要从"自上而下"的视角探究宏观层面的 CSR 如何影响微观层面的员工态度和行为,未来研究可从"自下而上"的视角探究微观层面员工行为如何影响 CSR 政策制定和实施。员工是企业社会责任的主要利益相关者,在日常工作中承担着履行 CSR 活动的重要责任。因此,员工对 CSR 项目的成功实施至关重要。虽然学者已经认识到员工在承担 CSR 过程中的作用,但这方面的研究仍处于初级阶段(马苓等,2018)。因此,未来可进一步探究人力资源管理因素对于企业 CSR 政策制定和实施效果的影响(Xiao 等,2019)。

10.6　本章小结

(1)本章从企业社会责任与人力资源管理的研究模型框架构建与假设推理的视角,基于组织伦理氛围理论和线索一致性理论,探讨了企业社会责任对员工促进性建言和抑制性建言的作用机理。同时,从谦卑型领导和社会责任型人力资源管理的视角探讨了企业社会责任影响员工建言行为的边界条件。

(2)本章采用实证和实验研究方法对企业社会责任与员工建言行为之间的假设进行了验证。

(3)本章探讨了企业社会责任影响员工促进性建言和抑制性建言的研究结果、理论意义和管理启示。同时,本章给出了企业社会责任影响员工不同类型建言的研究结论、研究创新点、局限性与未来研究方向。

参 考 文 献

[1] AGUINIS H, GLAVAS A. What we know and don't know about corporate social responsibility: A review and research agenda [J]. Journal of Management, 2012, 38(4): 932 - 968.

[2] AGUINIS H, GLAVAS A. On corporate social responsibility, sensemaking, and the search for meaningfulness through work [J]. Journal of Management, 2019, 45(3): 1057 - 1086.

[3] DE ROECK K, EI AKREMI A, SWAEN V. Consistency matters! How and when does corporate social responsibility affect employees' organizational identification? [J]. Journal of Management Studies, 2016, 53(7): 1141 - 1168.

[4] DE ROECK K, MAON F. Building the theoretical puzzle of employees' reactions to corporate social responsibility: An integrative conceptual framework and research agenda [J]. Journal of Business Ethics, 2018, 149(3): 609 - 625.

[5] EI AKREMI A, GOND J P, SWAEN V, et al. How do employees perceive corporate responsibility? Development and validation of a multidimensional corporate stakeholder responsibility scale [J]. Journal of Management, 2018, 44(2): 619 - 657.

[6] FAROOQ O, RUPP D E, FAROOQ M. The multiple pathways through which internal and external corporate social responsibility influence organizational identification andmultifoci outcomes: The moderating role of cultural and social orientations [J]. Academy of Management Journal, 2017, 60(3): 954 - 985.

[7] GRANT A M. Giving time, time after time: Work design and sustained employee participation in corporate volunteering [J]. Academy of

Management Review,2012,37:589 - 615.

[8] GOND J P, EI AKREMI A, SWAEN V, et al. The psychologicalmicr of oundations of corporate social responsibility: A person-centric systematic review[J]. Journal of Organizational Behavior, 2017, 38(2): 225 - 246.

[9] HANSEN S D, DUNFORD B B, ALGE B J, et al. Corporate social responsibility, ethical leadership, and trust propensity: A multi-experience model of perceived ethical climate [J]. Journal of Business Ethics, 2016, 137(4): 649 - 662.

[10] JONES D A, WILLNESS C R, MADEY S. Why are job seekers attracted by corporate social performance? Experimental and field tests of three signal - based mechanisms [J]. Academy of Management Journal, 2014, 57(2): 383 - 404.

[11] LIANG J, FARH C I C, FARH J L. Psychological antecedents of promotive and prohibitive voice: A two-wave examination [J]. Academy of Management Journal, 2012, 55(1):71 - 92.

[12] MORGESON F P, AGUINIS H, WALDMAN D A, et al. Extending corporate social responsibility research to the human resource management and organizational behavior domains: A look to the future [J]. Personnel Psychology, 2013, 66(4): 805 - 824.

[13] OWENS B P, JOHNSON M D, MITCHELL T R. Expressed humility in organizations: Implications for performance, teams, and leadership [J]. Organization Science, 2013, 24(5): 1517 - 1538.

[14] RUPP D E, GANAPATHI, AGUILERA R V, et al. Employee reactions to corporate social responsibility: An organizational justice framework [J]. Journal of Organizational Behavior, 2006, 27 (4): 537 - 543.

[15] RUPP D. An employee-centered model of organizational justice and social responsibility [J]. Organizational Psychology Review, 2011, 1 (1): 72 - 94.

[16] RUPP D E, SHAO R, THORNTON M A, et al. Applicants' and employees' reactions to corporate social responsibility: The moderating effects of first-party justice perceptions and moral identity [J]. Personnel Psychology, 2013, 66(4): 895 - 933.

[17] RUPP D E, SHAO R, SKARLICKI D P, et al. Corporate social responsibility and employee engagement: The moderating role of CSR - specific relative autonomy and individualism [J]. Journal of Organizational Behavior, 2018, 39(5): 559 - 579.

[18] RODELL J B. Finding meaning through volunteering: Why do employees volunteer and what does it mean for their jobs? [J]. Academy of Management Journal, 2013, 56:1274 - 1294.

[19] RODELL J B, LYNCH J W. Perceptions of employee volunteering: Is it "credited" or "stigmatized" by colleagues? [J]. Academy of Management Journal, 2016, 59:611 - 635.

[20] RODELL J B, BREITSOHL H, SCHRODER M, et al. Employee volunteering: A review and framework for future research[J]. Journal of Management, 2016, 42(1): 55 - 84.

[21] RODELL J B, BOOTH J E, LYNCH J W, et al. Corporate volunteering climate: mobilizing employee passion for societal causes and inspiring future charitable action[J]. Academy of Management Journal, 2017, 60:1662 - 1681.

[22] SHEN J, BENSON J. When CSR is a social norm: How socially responsible human resourcemanagement affects employee work behavior [J]. Journal of Management, 2016, 42(6): 1723 - 1746.

[23] SHEN J, ZHANG H. Socially responsible human resource management and employee support for external CSR: Roles of organizational CSR climate and perceived CSR directed toward employees[J]. Journal of Business Ethics, 2019, 156: 875 - 888.

[24] TURNER M R, MCINTOSH T, REID S W, et al. Corporate implementation of socially controversial CSR initiatives: Implications for human resource management[J]. Human Resource Management Review, 2019,29(1): 125 - 136.

[25] VLACHOS P A, PANAGOPOULOS N G, RAPP A A. Employee judgment of and behaviors toward corporate social responsibility: A multi-study investigation of direct, cascading, and moderating effects [J]. Journal of Organizational Behavior, 2014, 35(7): 990 - 1017.

[26] VLACHOS P A, PANAGOPOULOS N G, BACHRACH D G, et al.

The effects of managerial and employee attributions for corporate social responsibility initiatives [J]. Journal of Organizational Behavior，2017，38(7)：1111 - 1129.

[27] VOEGTLIN C，GREENWOOD M. Corporate social responsibility and human resource management：A systematic review and conceptual analysis [J]. Human Resource Management Review，2016，26(3)：181 - 197.

[28] WANG H L，TONG L，TAKEUCHI R，et al. Corporate social responsibility：An overview and new research directions [J]. Academy of Management Journal，2016，59(2)：534 - 544.

[29] WANG J，ZHANG Z，JIA M. Understanding how leader humility enhances employee creativity：The roles of perspective taking and cognitive reappraisal [J]. The Journal of Applied Behavioral Science，2017，53(1)：5 - 31.

[30] WANG J，ZHANG Z，JIA M. Echoes of corporate social responsibility：how and when does csr influence employees' promotive and prohibitive voices?[J]. Journal of Business Ethics，2020，167：253 - 269.

[31] ZHANG Z，WANG J，JIA M. Multilevel examination of how and when socially responsible human resource management improves the well-being of employees[J]. Journal of Business Ethics，2022，176(1)：1 - 17.

[32] ZHANG Z，WANG J，JIA M. Integrating the bright and dark sides of corporate volunteering climate：Is corporate volunteering climate a burden or boost to employees? [J]. Journal of Management，2021，32(2)：494 - 511.

[33] 何奎，康鑫. 绿色人力资源管理对组织复原力的影响：有调节的中介效应[J]. 2021，40(2)：17 - 24.

[34] 刘远，周祖城. 员工感知的企业社会责任、情感承诺与组织公民行为的关系：承诺型人力资源实践的跨层调节作用[J]. 管理评论，2015，27(10)：118 - 127.

[35] 刘凤军，李敬强，杨丽丹. 企业社会责任、道德认同与员工组织公民行为关系研究[J]. 中国软科学，2017(6)：117 - 129.

[36] 李歌，颜爱民，徐婷. 中小企业员工感知的企业社会责任对离职倾向的影响机制研究 [J]. 管理学报，2016，13(6)：847 - 854.

[37] 刘俊,秦传燕.企业社会责任与员工绩效的关系:一项元分析[J].心理科学进展,2018,26(7):1152-1164.

[38] 刘芳,陈刚,孙彦雯.企业志愿服务影响包容性创新的实证研究[J].中国人力资源开发,2018,35(5):18-25.

[39] 刘宗华,李燕萍.绿色人力资源管理对员工绿色创新行为的影响:绿色正念与绿色自我效能感的作用[J].中国人力资源开发,2020,37(11):75-88.

[40] 马苓,陈昕,赵曙明.企业社会责任在组织行为与人力资源管理领域的研究述评与展望[J].外国经济与管理,2018,40(6):60-73.

[41] 肖红军.共享价值式企业社会责任范式的反思与超越[J].管理世界,2020,36(5):87-115.

[42] 王娟,张喆,贾明.基于社会责任的人力资源管理实践与反生产行为:一个被调节的中介模型[J].管理工程学报,2019,33(4):19-27.

[43] 王娟,张喆,贾明.员工感知的企业社会责任与反生产行为:基于亲社会动机和内在动机的视角[J].2017(5):8-23.

[44] 颜爱民,齐丽雅,谢菊兰,等.员工感知到的企业社会责任对工作繁荣的影响机制研究[J].管理学报,2022,19(11):1648-1656.

[45] 张桂平,刘玥.社会责任型人力资源管理对员工主动服务行为的影响机制研究[J].中国人力资源开发,2019,36(5):6-21.

[46] 唐贵瑶,袁硕,陈琳.可持续性人力资源管理研究述评与展望[J].外国经济与管理,2017(2):102-113.

[47] 唐贵瑶,陈琳,陈扬,等.高管人力资源管理承诺,绿色人力资源管理与企业绩效:企业规模的调节作用[J].南开管理评论,2019,22(4):212-224.

[48] 赵红丹,周琼瑶.社会责任导向人力资源管理研究述评与展望[J].中国人力资源开发,2018,35(7):31-42.

[49] 唐贵瑶,陈琳,孙玮,等.如何让员工"爱司所爱,行司所行"?基于社会信息处理理论的绿色人力资源管理与员工绿色行为关系研究[J].南开管理评论,2021,24(5):185-193.

[50] 赵红丹,陈元华,郑伟波.社会责任导向的人力资源管理感知与员工建言行为:基于社会交换理论[J].中国人力资源开发,2019,36(9):91-104.

[51] 赵红丹,陈元华.社会责任型人力资源管理如何降低员工亲组织非伦理行

为:道德效力和伦理型领导的作用[J].管理工程学报,2022,36(6):57-67.

[52] 张麟,王夏阳,陈宏辉,等.企业承担社会责任对求职者会产生吸引力吗:一项基于实验的实证研究 [J].南开管理评论,2017,5(20):116-130.

[53] 张倩,何姝霖,时小贺.企业社会责任对员工组织认同的影响:基于CSR归因调节的中介作用模型 [J].管理评论,2015,27(2):111-119.

[54] 朱月乔,周祖城.企业履行社会责任会提高员工幸福感吗:基于归因理论的视角[J].管理评论,2020,32(5):233-242.